人禮

덕숭산 견성암. 우리나라 최초의 비구니 선방이다. 덕숭총림 수덕사 부속암자로서, 1908년 만공선사가 창건한 후 줄곧 비구니 참선도량으로 내려오고 있다. 묘리당(妙理堂) 법희(法喜)스님이 1966년부터 10여 년 간 견성암 비구니 총림원장으로 주석하면서 선풍을 드날렸다. 지금의 인도식 2층 석조건물은 덕숭총림 2대 방장을 역임한 벽초(碧超)스님과 비구니총림원의 설립을 서원한 비구니 일엽(一葉)스님의 공헌에 힘입어 건립된 것이다.

천성산 내원사. 신라 문무왕 13년(673) 원효대사가 창건했다. 중국 당나라 때 태화사 대중 1천 명이 원효의 제자가 된 일화가 전해온다. 원효가 이들을 상대로 화엄경을 설한 자리에는 '화엄벌'이라는 이름이 생겼고, 1천 명의 대중이 모두 성인이 되었다고 해서 산이름을 '천성산(千聖山)'이라 불렀다. 6·25 때 전소된 것을 비구니 수옥(守玉)스님이 1955년 주지로 부임해 재건했다. 비구니 참선도량으로 이름을 남긴 것은 이때부터다.

가지산 석남사. 우리나라에 최초로 선을 들여온 도의(道義)선사가 신라 헌덕왕 16년(824) 호국기도도량으로 창건한 선찰(禪刹)이다. 임진왜란 때 전소된 후 여러 번 중수를 거쳤으나, 6·25 때 다시 폐허가 된 것을 비구니 인홍(仁弘)스님이 승단정화 이후인 1957년 주지로 부임하면서 크게 중창했다. 인홍스님은 40여 년 간 대웅전 등의 중창과 정수선원·심검당 선원 등을 신축하는 등 대표적인 비구니 수행도량으로서의 면모를 일신했다.

방장산 대원사. 신라 진흥왕 9년(548) 연기(緣起)대사가 창건한 후 평원사(平原寺)라 이름한 데서 그 연원을 찾고 있다. 그 뒤 폐사와 중건 등 부침을 거듭하다가 1948년 1월 여순반란사건의 여파로 자장율사가 세웠다는 9층 여래사리탑만 남긴 채 8년 동안이나 폐허가 되는 비운을 겪었으나, 비구니 법일(法一)스님이 승단정화운동 당시인 1955년 주지로 부임하면서 크게 중창했다. 이때부터 비구니 선원이 개설돼 오늘에 이르고 있다.

사불산 윤필암. 고려 우왕 6년(1380) 각관화상(覺寬和尙)이 창건했다. 중수를 거듭하다가 1980년대 초 모든 건물을 새롭게 지었다. 사불전(四佛殿)에 부처님을 모시지 않고 벽면을 유리로 설치해 법당 안에서 사불암을 볼 수 있도록 한 것은 사불암까지 가지 않고도 사면 불상에 참배할 수 있도록 배려한 것이다. 일제시대 비구니 본공선사(本空禪師)가 입승으로 주석한 이후부터 비구니 선방으로서 그 명성을 드날리며 오늘에 이르고 있다.

가야산 보덕사. 충남 예산군 덕산면 서원산(書院山) 남쪽 기슭에 있는 사찰이다. 본래 옥양봉 남쪽 기슭에 가야사(伽倻寺)란 절이 있었는데, 이 절터가 왕손을 낳게 한다는 풍수설에 의해 흥선대원군이 절을 불사르고 부친의 묘를 쓴 뒤 아들이 왕위(고종)에 오르자, 보은의 뜻으로 1871년 현 위치에 절을 짓고 보덕사라 이름했다. 6·25 때 소실된 것을 수옥(守玉)스님이 1951년에 중창했다. 묘리법희(妙理法喜)스님의 부도탑비가 봉안돼 있다.

호거산 운문사. 신라 진흥왕 21년(560) 무명의 신승(神僧)이 창건했다. 1950년대 승단정화운동 때 초대주지를 역임한 비구니 금룡(金龍)스님이 1954년 당시 통도사 강주 오해련(吳海蓮) 스님을 모시고 강당을 개설하니, 운문사 강원의 시작이다. 이후 2, 3대 주지를 지낸 비구니 수인(守仁)스님이 강사 제응(濟應)스님을 모시고 도제양성에 진력하면서 비구니 교육도량의 초석을 다졌다. 비구니 전문강원으로 자리매김한 것은 이때부터이다.

계룡산 동학사. 신라 성덕왕 23년(724) 상원조사(上願祖師)가 암자를 지었던 곳에 그의 제자 회의화상(懷義和尙)이 절을 창건해 상원사(上願寺)라 이름한 데서 비롯되었다. 만화(萬化)선사가 1864년경 강원을 개설한 이후 제자 금봉(錦峰)스님이 강주로 취임하면서 본격적인 강원활동이 이뤄졌다. 비구니 전문강원의 개설은 비구니 광호(光毫)스님이 1956년 주지로 부임하면서 경봉스님을 강주로 모신 것이 시초이다.

불영산 청암사. 신라 헌안왕 2년(858) 도선국사(道詵國師)가 창건했다. 이후 소실과 중건을 거듭해온 바, 현존하는 건물은 대운화상(大雲和尙)이 1912년 중창한 당우들이다. 1960년대까지 불교강원으로서 이름을 드날렸으나, 그후 20여 년 간 강원활동이 중단됐다. 현 주지이자 강주인 비구니 지형(志炯)스님이 1987년 3월 25일 비구니 전문강원인 청암사승가대학을 설립하면서 쇠락한 가람을 신축·보수하는 등 도량의 면모를 일신했다.

광교산 봉녕사. 고려 희종 4년(1208) 원각국사(圓覺國師)가 창건하고 창성사(彰聖寺)라 불렀다. 1400년대 초기에 봉덕사(奉德寺)로 개칭했다가, 조선 예종 원년(1469) 혜각국사(慧覺國師)가 중수한 후 봉녕사라 이름했다. 비구니 묘전(妙典)스님이 1971년 주지로 부임해 도량을 확장하고 봉녕선원을 개설했다. 1974년 비구니 묘엄(妙嚴)스님을 강사로 승가학원을 열었고, 1979년 묘엄스님이 주지로 부임한 후 1987년 승가대학으로 승격했다.

…간혹 설법을 할 때에도 원체에…

깨달음의 꽃

한국불교를 빛낸 근세 비구니

깨달음의 꽃 1

하춘생 지음

깨달음의 꽃 1
한국불교를 빛낸 근세 비구니

1998년 10월 30일 초판 1쇄 발행
1998년 12월 20일 초판 2쇄 발행
2001년 10월 25일 초판 3쇄 발행

지은이 하 춘 생
펴낸이 정 창 진
펴낸곳 도서출판 여래
등록일 1988년 4월 8일

110-300 서울시 종로구 관훈동 1가 177번지 대형빌딩 201호
전화(02)730-8976/723-6801 전송(02)723-6801
e-mail: yoerai@chollian.net
isbn 98-851-00300-x 03220

값 8,000원

※잘못된 책은 바꾸어 드립니다.

■ 추천의 글

　그러니까 꼭 8년 전, 1990년 10월께로 기억된다. 내가 목동청소년회관 관장직을 맡고 있을 때다. 당시 법보신문사에서 기자로 근무하고 있던 하춘생 불자가 나를 찾아와 그 취지를 설명하며 도움을 요청하였다. '한국의 비구니'라는 제하의 기획연재를 통해 한국불교를 빛낸 근세의 비구니를 소개하려 하는데, 정리된 자료가 거의 전무할 뿐더러 비구니 스님들 또한 드러내기를 싫어하여 어려움이 많다는 것이었다.
　지금은 사정이 조금 나아졌지만, 당시는 일반 사회는 물론이고 승단 내에서도 비구니에 대한 왜곡된 시각이 팽배하였다. '비구니' 하면 인생살이에 실패하고 입산(入山)한 사람 정도로 곡해하기 일쑤였다. 이러한 그릇된 인식에 적잖이 분개하고 있던 나는 하 기자의 청을 받고 적극적으로 돕겠다고 약속했다. 비구니 큰스님들의 수행담과 일화, 그리고 그분들의 삶의 궤적을 잘 아는 후학들을 내가 아는 대로 소개해 주었다. 또한 '한국의 비구니'란 연재기획물의 제자(題字)를 써주기도 하였다.

내가 분수를 넘는다 싶을 정도로 그렇게 나섰던 것은 비구니의 위상정립이 절실하다는 생각때문이었다. 사실 비구니는 비구와 더불어 출가승단을 구성하고 있는 엄연한 중심축이다. 비구니를 비구의 보조자 정도로 보는 시각은 마땅히 교정되어야 한다. 그러기 위해서는 무엇보다 비구니의 실상을 널리 알릴 필요가 있다. 물론 드러내지 않는 것이 수행자의 미덕임에 틀림없다. 그러나 그것도 지나치면 오히려 불교의 발전에 걸림돌이 될 수 있다. 비구니에 대한 왜곡은 교단에 대한 왜곡이고, 그것은 곧 불교 자체에 대한 왜곡인 것이다.

'한국의 비구니' 기획시리즈는 여법한 수행자로서의 비구니의 실상을 충실히 전달하여 터무니없는 왜곡을 불식시키고 그 위상 제고에도 큰 공헌을 하였다고 본다. 본래 마음자리를 밝히는 수행자로서, 부처님의 법을 전하는 전법자로서, 절을 일구고 지키는 가람 수호자로서 조금도 부족함이 없는 당당한 부처님 제자로서의 비구니의 모습을 생생하게 되살렸던 것이다. 당연히 이 기획물은 세상의 이목을 집중시키며 화제를 불러일으켰다. 나 개인적으로는 소개된 스님들 모두가 내가 존경하는 스승님들이지만, 특히 '스님이 일반대학교에 가는 것은 속퇴의 지름길'이라는 인식이 팽배하던 시절에 '배움없이 교화없다'는 신념으로 대학교육을 시켜주신 은사 성문(性文) 스님편을 대할 때는 생전의 스님을 뵙는 것 같아 감회가 남달랐다.

당시 신문연재가 끝날 때 아쉬움이 많았는데, 주간불교신문사로 자리를 옮긴 이후에도 하 기자가 이를 잊지 않고 비구니 기획물을 되살려 발굴·연재하는 열성을 보이더니, 다시 이를 책으로 묶는다고 하니 그저 고맙기만 하다. 서둘러 교정쇄를 훑어보니 예전의 감흥이 되살아나고 내용 또한 연재 당시보다 충실해졌다. 다소 흐트러졌던 수행자들은 이 책에 실린 선학(先學) 스님들의 삶을 지남(指南)으로 삼아 추스리고, 아직 불교와 인연이 닿지 않은 이들은 이 책을 읽고 발심의 계기가 되기 충분하다 생각하여 기쁜 마음으로 추천사를 쓴다.

추천사를 받으러 온 하 기자를 보니 머리털이 조금 빠진 것 외에는 마음씀씀이나 모습이 예전 그대로여서 더욱 반갑다. 그간의 노고를 치하하며 더욱 정진하여 성취가 있기를 빈다.

불기 2542년 초가을 정각사에서
대한불교조계종 전국비구니회장

광우 합장

■ 출간에 부쳐

 "사람은 누구나 법 앞에 평등하다"고 주창하신 석가모니 부처님은 차별적인 사성계급 제도를 비판하고 평등한 승단의 공동체를 형성하셨다. 부처님께서는 여자들도 불법에 출가하여 계를 받으면 수다원과(須陀洹果) 내지 아라한과(阿羅漢果)를 얻을 수 있다고 하셨다. 그리하여 마하파자파티 비구니를 비롯하여 수많은 비구니들이 당시 부처님의 제자들이 도달할 수 있었던 최고의 경지인 아라한과를 증득하여 만인의 존경을 받았던 사실이 전해온다.
 장로니게(Therigatha)에도 깨달음을 얻은 93분의 장로니가 읊은 522게송이 수록되어 있다. 장로니들이 부처님께서 걸어가셨던 그 길을 따라 걷는다는 자각과 긍지를 보이며 부처님의 가르침대로 수행하여 깨달은 경계를 술회하고 있는 것이다. 수행과 깨달음에 있어서 여성이 처한 어려움이 많았음에도 불구하고 그

어떤 장애에도 물러남이 없음을 보이고도 있다. 《증일아함경》의 〈비구니품〉과 《아라한구덕경》에는 부처님께서 "나의 성문제자 가운데 제일인 비구니"라고 칭찬하신 비구니 50분이 소개되어 있기도 하다.

부처님께서 녹야원에서 '만인의 이익과 안락을 위해서 가라'고 하신 그 유명한 전도의 선언은 모든 중생을 향한 자비실천을 강조하신 것이기도 하다. 이는 일체중생에게 불성(佛性)이 있으며 '우리 모두 다함께 성불하자(自他一時成佛道)'는 대승불교의 평등과 자비정신으로 이어진다. 그리하여 대승경전에는 선남자 선여인이 발심해서 보살이 되기도 하며, 부처님 법을 설하고 보살의 선지식이 되는 장면이 있다.

한국에 불교가 전래되어 유통되는 과정에서도 비구니와 여성들의 역할을 무시할 수 없다. 신라에 불교를 전한 아도화상을 은거시켰던 모례의 누이 사씨(史氏)는 한국 최초의 비구니가 되었다. 신라에서 불교를 공인한 법흥왕의 왕비는 사씨의 유풍을 사모하여 묘법(妙法) 비구니가 되었고, 뒤이어 진흥왕의 왕비도 법운(法雲) 비구니가 되었으며, 아니(阿尼) 비구니는 도유나랑이라는 승직을 맡았다. 백제의 법명(法明) 비구니를 비롯한 많은 비구니들이 일본으로까지 건너가 불교를 전하였으며, 경전을 독송하여 병자를 고치기도 하였다. 또한 신심과 수행이 돈독한 비구니들은 관음보살의 현신으로 나타나기도 하고 선지식으로 받들어지기도 하였다. 조선시대에 이르러서도 문정왕후의 내원당으로서 자수(慈

壽)·인수(仁壽)의 두 비구니 사원이 건립되어 오천 명이나 되는 비구니가 수행하였다고 하니, 덕높은 비구니들이 적지 않았음을 짐작할 수 있다. 그러나 애석하게도 그러한 비구니들의 세세한 수행의 모습이나 도달된 깨달음의 경지를 전하는 자료는 거의 없다. 그래서 오늘날 귀감으로 삼을 수 있는 역대 비구니들의 행적을 몰라 안타까움을 금할 수 없었다.

그러던 차에 한국불교 근세 비구니의 수행과 깨달음, 교육과 교화의 모습을 담은 《깨달음의 꽃─한국불교를 빛낸 근세 비구니》라는 책이 출간되니 기쁘기 한량없다. 이 책은 19세기 말에서 20세기를 살다가신 비구니 큰 스님들을 다시 뵙고 가르침을 듣게 해주고 있다.

한국불교사상 그 법통을 알 수 없었던 비구니 선맥을 일으키고 운수납자로서의 본분사를 지키며 후학제접에 한 치도 소홀하지 않으시는 등 선풍을 떨친 묘리법희(妙理法喜, 1887~1975)스님을 비롯하여 만성(萬性, 1897~1975)·본공(本空, 1907~1965)·선경(禪敬, 1904~1996)·월혜(月慧, 1895~1956)·응민(應敏, 1923~1984)스님, 근세 비구니계 3대 강백이며 법사이신 금룡(金龍, 1892~1965)·혜옥(慧玉, 1901~1969)·수옥(守玉, 1902~1966)스님, 불전의 법요의식과 가람수호 등 불사에 모범이 되고 그 원력이 크셨던 상근(祥根, 1872~1951)·법일(法一, 1904~1991)스님, 선·교를 겸수하시고 염불정진과 포교·교육에 모범을 보이셨던 성문(性文, 1893~1974)스님, 비구니들로만 구성된 종단인 대한불교 보문종을 창종하고 사회복지사업에 진력하신 긍탄(亘坦, 1885~1980)·은영 (恩榮, 1910~1981)스님, 비구니 금강계단의 초대 존증아사리로서 철저한 계행으로 수행자의 진면목을 잃지 않으셨던 광호(光毫, 1915~1989)스님, 신문학 초창기 최초의 여류 문인으로서 신여성운동을 주도하여 세인의 주목을 한 몸에 받다가 불문에 귀의하여 만공선사의 선맥을 계승한 당대의 사상가였던 일엽(一葉, 1896~1971)스님, 혼돈의 시대를 안고서도 후학들에게 수순자비를 베풀며 각지의 선방을 돌면서 타성일편(打成一片)을 도모하였던 대영(大英, 1903~1985)스님 등 비구니 큰스님들이 우리를 깨우쳐 주고 계신다.

이 책의 저자인 하춘생 불자는 동국대학교 불교대학을 졸업한 후에도 공부의 열정을 버리지 않고 불교대학원 석사과정에 입학하여 불교학 연구에 매진하고 있는 재목(才木)이다. 현재 불교언론사 기자들의 모임인 한국불교기자협회 회장과 주간불교신문사 편집데스크로 있으면서 불교언론의 방향도 진지하게 모색하고 있다. 법보신문사 기자를 지낼 때도 '한국의 비구니'를 기획·연재하는 등 불교의 여성관을 재정립하는데 노력을 아끼지 않았다. 그처럼 부처님의 평등정신을 남녀 평등적 측면에서도 계속 선양하고자 하였으며, 그 일환으로 근세 비구니들의 수행상을 소개하는데 열과 성을 다하더니 드디어 하나의 결실을 맺게 된 것이다.

저자가 이 책을 저술한 작업은 모래를 헤쳐 금을 찾는데 비유할 수 있을 만큼 온 정성을 다 기울였음을 볼 수 있다. 기록되어 전하는 자료가 부족하여 문하생들을 일일이 발로 찾아다니며 접할 수 있었던 모습들이었기 때문이다.

이 결실은 분명 오늘날 젊은 비구니들 뿐만 아니라, 온 불자들이 자각하고 가일층 용맹정진하는 큰 힘이 될 것임을 믿어 의심치 않는다. 우리 비구니가 미처 못했던 과업을 대신 이루어준 점, 미안함과 함께 고마움을 전한다. 이러한 저자의 노력이 한국의 비구니 큰스님들을 계속 발굴하는 원동력이 되고, 한국불교의 위상을 더욱 높이는 크나큰 계기가 되길 바란다.

불기 2542년 10월 동악(東岳)에서
해주 합장

■ 저자의 말

구슬은 꿰어야 보배, 이제 시작이다

I

근대 이후 기라성 같은 비구선사들의 구도행각 못지않게 한국 불교의 중심에서 구도열정을 불사르며 법맥을 형성해 온 니승(尼僧)들의 발자취는 그동안 철저하게 외면되어 왔다. 여성성불(女性成佛)의 불가론(不可論)이 지배적이었던 한국 승가(僧伽)의 구도에서 그것은 의도적이었던 면이 적지 않았다. 또 그러한 승단의 구조적인 모순을 뒤로 한 채 순리(順理)를 따르듯 바깥으로 스스로를 드러내지 못한 니승들의 의식도 책임을 면할 순 없다.

출가승단을 반분(半分)하는 구성요체로서 한국불교사를 이끌어 온 니승들의 행적을 세상 밖에 드러내지 못한 까닭은 무엇인가. 저자는 반역(反逆)이란 낱말을 주저하고 싶지 않다. 그것은 분명 역사에 대한 반역이었다. 근대 이후 니승들의 행적을 좇아 저자가 전국의 시방(十方)을 분주하게 돌았으나, 구전(口傳)에 의지할 수밖에 없었던 당시의 정황은 스스로를 슬프게 만들었고, 불교계의 현실이 저으기 안스러웠다는 점도 고백하지 않을 수 없다.

여기, 이제야 니승들의 행장을 개괄적으로 소개한다. 그들 상좌들의 구전에 힘입은 바, 그것을 바탕으로 사실적 기록만을 나열하는 데 무게를 두었다는 점을 먼저 밝힌다. 따라서 이 글은 단순한 기록에 지나지 않는다. 백사장의 모래알 하나를 주워올린 것일 뿐이다. 인물들의 전기(傳紀)를 기록하면서 다분히 편년체(編年體)식 서술에 그칠 수밖에 없었던 까닭이다. 보다 깊이 있고 나아가 문학적 언어문법을 가미하여 니승들의 행장을 유려하게 기술하는 것은 다음을 기약하고자 한다. 그 일은 저자가 아니더라도 좋다. 그 주춧돌이 되어준다면 이 기록의 가치는 충분히 있을 것으로 보기 때문이다.

II

여인들이 사문(沙門)이 되었기 때문에 나의 법을 오백 년 쇠약하게 했도. 왜냐하면 여인으로서는 다섯 가지가 될 수 없기 때문이다. 무엇이 그 다섯인가. 여래·전륜성왕·도리천과 제석천·악마천의 왕·범천왕이 그것이다. 무릇 장부만이 그 다섯 가지가 될 수 있다.

남성 출가자와 비교하여 여성 출가자를 폄하시키고 있는 '비구니팔경계법(比丘尼八警戒法)'의 설명이 실려있는 《불설중본기경》의 〈구담미래작비구니품〉의 한 내용이다. 제 불교경전에서는 일체중생(一切衆生)의 성불(成佛) 가능성을 확언하고 있으나, 여기에 이처럼 상반되는 내용이 나타난 것에 대해서 누구보다도 니승들 자신이 대부분 어떻게 이해하여 왔는지 알 수 없었다.

다행히 최근에 이르러 비구니 승가의 비구 승가에의 종속성을 규정하고 있는 비구니팔경계법은 이제 시대착오적인 발상에 지나지 않는다는 주장이 만만치 않다. 특히 제1칙에 제시된 '비록 백세의 비구니라 할 지라도 이제 갓 수계한 비구를 보면 모름지기 일어서서 우러러 예를 갖추고 깨끗한 자리를 펴서 내주며 청하여 앉게 하라(雖百歲比丘尼 見新受戒比丘 應起迎逆禮拜與敷淨坐 請令坐)'는 규범은 인권평등적 측면에서 부처님의 가르침과도 맞지 않는다는 지적이다. 그러나 분명한 것은 팔경계법이 시대착오적이라 할지라도 그것을 받아지니는 니승들의 수구적인 자세가 바뀌지 않는 한 여전히 유효할 수밖에 없다.

이 책에 수록된 근세 비구니들의 행장이 소중하게 다가서는 까닭이 여기에 있다. 근·현대사를 가름하며 당대를 풍미했던 고승비구들에 결코 뒤지지 않는 수행정진력으로 한국불교를 빛낸 그들을 통해 일불승(一佛乘, 불교의 참다운 가르침은 오직 하나로, 그 가르침에 의해서 모든 이가 고루 부처님이 된다고 설하는 교법)의 진리를 체득할 수 있기 때문이다. 늦은 감이 있으나 니승들의 행장을 정리했다는 안위감을 갖는 이유도 여기에 있다.

여기에 소개되지 못한, 조용히 한국불교 근·현대사를 수놓으며 사바(娑婆)의 무거운 짐을 지고 갔던 더 많은 노(老) 니승들 또한 그렇게 정리되어 대중에게 다가설 것이다. 저자는 그 작업을 멈추지 않을 것이며, 지금도 묻혀진 자취를 끌어내기 위하여 시방의 문을 두드리고 있다. '구슬이 서말이라도 꿰어야 보배'라고 하였다. 꿰지않은 구슬은 그것이 아무리 오색영롱할지라도 아무런 가치가 없기 때문이다.

이제 시작이다.

Ⅲ

내 성문 중 첫번째 비구니인 마하파자파티 고타미(Mahāpajapatī-Gotamī, 大愛道瞿曇彌) 비구니는 오랫동안 도(道)를 배워 국왕의 존경을 받고 있으며, 지혜롭고 총명한 이로서 케마(Khemā, 識摩) 비구니가 있다. 우팔라꽃빛(Uppalavaṇṇā, 優鉢華色) 비구니는 모든 신들을 감동시킬 정도로 신족(神足)을 갖추었으며, 키사 고타미(Kisā-Gotamī, 機梨舍瞿曇彌) 비구니는 두타법의 열한 가지 어려운 일을 행하고 있다. 또 하늘 눈이 으뜸이어서 걸림없이 비추는 사쿨라(Sakulā, 奢拘梨) 비구니와 앉아서 선정에 들어 마음이 흩어지지 않는 이로 사마(奢摩) 비구니가 있다. 파두란사나(波頭蘭闍那) 비구니는 이치를 분별해 널리 도를 펴는 인물이며, 계율을 받들어 범하지 않는 이로서 파타차라(Paṭācār ā. 波羅遮那) 비구니를 들 수 있다. 믿음의 해탈을 얻어 다시는 물러나지 않는 이가 캇차나(Kaccāna, 迦旃延) 비구니요. 네 가지 변재(辯才)를 얻어 두려워 하지 않는 이로 최승(最勝) 비구니가 있다. 자기 전생의 수없는 겁의 일을 아는 이는 밧타카필라안(拔陀迦毘離) 비구니요. 혜마사(醯摩闍) 비구니는 얼굴이 단정하여 남으로부터 존경과 사랑을 한몸에 받고 있다. 외도를 항복받아 바른 교를 세우는 인물로 소나(輸那) 비구니가 있으며, 이치를 분별하여 널리 갈래를 설명하는 이는 담마딘나(Dhammadinnā, 曇摩提那) 비구니다. 더러운 옷을 입고도 부끄러워하지 않는 이는 우다라(優多羅) 비구니요. 모든 감관이 고요하고 그 마음이 한결같은 이는 광명(光明) 비구니다. 옷을 잘 바루어 언제나 법다운 이는 바로 선두(禪頭) 비구니요. 여러 가지를 의논하되 의심이나 걸림이 없는 이는 단다(檀多) 비구니다. 또한 게송을 잘 지어 여래의 덕을 찬탄하는 이는 천여(天與) 비구니요. 많이 듣고 널리 알며 은혜와 지혜로 아랫사람을 대하는 이로 구비(瞿卑) 비구니가 있다.

《증일아함경(增―阿含經)》 권3 제5 〈비구니품〉

석가모니 부처님 재세시부터 지금의 한국불교 교단에 이르기까지 논란의 불씨로 작용되어 왔던 여성 출가자에 대하여 부처님의 진의(眞意)를 알 수 있는 경전의 내용이다. 부처님께서 직접 비구니의 수행과 덕성, 그리고 자질 등을 찬탄하면서 결코 비구들에 뒤지지 않는 평가를 내리고 있다는 점에서 시사하는 바가 크다 할 것이다.

Ⅳ

"한국불교의 보루는 비구니다."

선언적인 이 말은 한국 승가의 내면을 조금만 들여다보면 느낄 수 있는 엄연한 현실이다. 청정한 도량 가꾸기에서부터 이익중생을 향한 사회구제사업과 전법·수행에 이르기까지 니승들이 보여주고 있는 모습에서 한국불교의 미래를 담보해도 부족하지 않다고 보는 것이다.

저자가 니승들에게 관심을 갖게 된 것은 10여 년 동안 불교언론 기자로서 재직해 오는 동안 불가(佛家)에서의 여성편견이 생각보다 심각하다는 점을 알고서부터다. 가장 인격적이며 만인의 평등성을 주장해 온 종교가 다름아닌 불교였고, 부처님께서도 인도사회에 오랫동안 뿌리박힌 사성제도(四姓制度)의 혁파를 주창한 혁명가였다는 점을 상기할 때, 불가에서의 성(性)차별은 근본적으로 잘못되었다는 인식에서부터다. 근세 비구니의 약전(略傳)을 니승들 스스로 정리할 수 있도록 그 동기를 부여하는데 그치고자 하였으나, 구태여 저자가 책으로 묶어 세상에 내어놓은 까닭도 그 때문이다.

이 기록은 저자가 불교언론인 〈법보신문〉과 〈주간불교〉에 '한국의 비구니'라는 제목 아래 발굴·연재한 글을 가필(加筆)·윤문

(潤文)하여 내놓은 것이다. 이 기회를 빌어 〈법보신문〉과 〈주간불교〉, 아울러 발자취를 정리할 수 있도록 감응(感應)을 던져준 근세 비구니 선지식들과 그들과의 만남을 위한 저자의 길 물음에 조언(助言)을 아끼지 않아 주신 상좌(上佐) 등 후학들, 추천의 글과 붙임사(辭), 발문(跋文, 후기)을 써주신 조계종 전국비구니회장 광우(光雨)스님과 동국대 은사 해주(海住)스님, 이 시대의 작가 중 저자가 가장 존경하는 한승원(韓勝源) 선생님, 그리고 졸고(拙稿)에도 불구하고 책을 만들어 준 도서출판 여래 정창진 대표 등 편집진들에게 감사한다.

                4331년 10월
                  하춘생

차 례

추천의 글—광우 스님 · 5
출간에 부쳐—해주 스님 · 8
저자의 말 구슬은 꿰어야 보배, 이제 시작이다 · 13

제1부 깨달음의 꽃이 되어

법희 스님 영원히 꺼지지 않는 항성(恒星) · 25
성문 스님 무(無)의 반야용선을 타고 · 41
만성 스님 생사 초탈한 옹대 작대기 · 53
일엽 스님 미래세가 다하고도 남는 자유인 · 67
본공 스님 시대의 참 선객(禪客) · 87

제2부 깨어있는 삶으로

월혜 스님 무소유 본분 간직한 청풍납자 · 105
선경 스님 밑없는 배에 한평생을 싣고서 · 119
대영 스님 무위(無爲)의 삶 살다간 인욕보살 · 141
광호 스님 한 모양 찾아 나선 무소유인 · 155

응민 스님 주경야선(晝耕夜禪)의 방울대사 · 167

제3부 빛나는 가르침을 전하며

금룡 스님 법시(法施)의 곳간 · 183
혜옥 스님 걸어다니는 대장경 · 195
수옥 스님 한시(漢詩)에 품은 깨침의 미학 · 207

제4부 청정한 도량을 가꾸고

상근 스님 대의(大義)에 살다간 참 보살행인(菩薩行人) · 223
긍탄 스님 비구니계 영원한 어머니 · 235
법일 스님 준령(峻嶺)에 앉은 시대의 여걸(女傑) · 249
은영 스님 고해(苦海)에 우뚝 선 원력보살 · 263

주(註) · 279
후기 꽃피우기, 그 아픈 참삶의 길—한승원 · 289

제 1 부
깨달음의 꽃이 되어

영원히 꺼지지 않는 항성(恒星)

유 법 희(俞法喜)

1887년 2월 9일　　　충남 공주군 탄천면 신기리에서 출생.
1890년 3월 9일(음)　동학사 미타암에서
　　　　　　　　　　귀완(貴完)스님을 은사로 입산 출가.(4세)
1901년　　　　　　　동운(東雲)스님을 계사로 사미니계 수지.(15세)
1910년　　　　　　　해인사에서 해광스님을 계사로 구족계 수지.
　　　　　　　　　　동학사에서 만우(萬愚)강백에게
　　　　　　　　　　경전·어록 등 수료.(24세)
1916년　　　　　　　덕숭산 수덕사 견성암에서 수선안거 중 깨침.
　　　　　　　　　　만공스님께 법 인가(法印可).(30세)
1916년~1966년　　　사불산 윤필암·지리산 구층암·정릉 인수재·
　　　　　　　　　　가야산 보덕사·천성산 내원사·삼각산 승가사 등
　　　　　　　　　　전국 선원에서 수선안거.
1966년　　　　　　　덕숭산 수덕사 견성암 비구니총림원장 취임.(80세)
1975년 3월 9일(음)　세수 89세 법랍 85세로 입적.

영원히 꺼지지 않는 항성(恒星)

─법희 스님

　만공(滿空)스님이 하루는 '가섭찰간화(迦葉刹竿話)'[1]를 들어 대중에게 한 마디씩 말해보라고 하니, 침묵의 대중 속에서 불현듯 한 니승(尼僧)이 단정히 일어나 대답하였다.
　"물고기가 못 속에 헤엄치니 물빛이 흐려지고,
　새가 창공을 날으니 깃털이 떨어집니다."
　만공스님이 다시 만해(卍海)스님의 '흰 눈 속에 복사꽃이 조각조각 흩날린다'는 구절을 들어 대중에게 물었다.
　"흩날린 꽃송이 어느 곳에 있는고?"
　그 니승이 답하였다.
　"흰 눈이 녹아지니 한 조각 땅입니다."

만공스님이 칭송하였다.

"다못 일편지(一片地)²⁾를 얻었도다."

이 법거량에 자리를 털고 일어선 그 니승은 묘리당(妙理堂) 유법회(兪法喜)스님이었다. 스님은 철저한 계행과 선수행을 통해 근세 이후 한국불교사상 최초로 비구니 선맥(禪脈)을 일으킨 인물로 평가받고 있다. 젊은날 가행정진(加行精進)의 도(道)를 닦아 당대의 거목 만공스님께 법 인가(法印可)를 받은 후 일생 동안 납자(衲子)의 본분사를 드날렸던 스님은 만년에는 수덕사 견성암 비구니 총림원장으로 주석하면서 후학들을 지도했던 한국불교 비구니계의 큰 별이다.

가을이 좋은가 봄이 좋은가

법희스님이 피안(彼岸)의 길로 가신 그날은 지금도 뭇 비구니 수좌들에게 전심법문(傳心法門)³⁾의 묘상(妙相)이 되고 있다.

만년에 이르러 하루는 자신의 열반(涅槃)에 대하여 제자들에게 물었다.

"가을이 좋은가, 봄이 좋은가."

제자들이 한결같이 답하기를,

"봄이 좋지요."

법회스님이 출가의 인연을 맺은 동학사 미타암. 아버지를 여읜 후 네 살 때 할머니 등에 업혀 이곳에 왔다.

하였다. 스님이 다시 말했다.

"그러면 내가 가는 날은 내가 온 날과 같을 것이다."

또, 입적(入寂)하기 3일 전의 일이다.

얼굴이 마치 맑은 거울처럼 환하게 빛을 발하는가 싶었다.

스님은 대중을 불러 사바(娑婆)에서의 최후의 법문을 설했다.

"육신(肉身)은 가도 법신(法身)은 가고 올 것이 없느니…."

부처님 말씀따라 90평생을 하루같이 일념정진으로 살아온 노(老) 니승이 생애 마지막 법문을 남기며 몸소 열반의 묘상을 보여주고 있었다. 그렇게 스님의 입적 당시를 회상하는 후학들의 전언(傳言)은 그의 법력(法力)이 경지에 도달했음을 알게 해준다.

할머니 등에 업혀 입산하다

법희스님이 살았던 19세기에서 20세기로 넘어오는 시대는 그야말로 나라 안팎으로 혼란의 소용돌이가 난무하였고, 국권마저 잃게 되는 암울한 시대였다.

스님은 그렇게 불운의 전조가 보이던 19세기 말, 1887년 2월 9일에 충남 공주군 탄천면 신기리 마을에서 유창주(兪昌周)의 둘째 딸로 태어났다. 속가에서의 이름은 손순(巽順)이었다. 세 살 때 아버지를 잃고 네 살 되던 해 음력 3월 9일에 할머니의 등에 업혀 계룡산 동학사 미타암에 맡겨졌다.

이때 스님의 어머니도 출가하여 도전(道全)이라는 법명을 받고 1년 남짓 미타암에 머물다가, 모녀가 한 곳에 있는 것이 수행에 도움이 되지 않겠다 싶어 산너머 갑사로 자리를 옮겼다. 그리고 나이 겨우 여덟 살 되던 해에 어머니가 돌아가셨다는 소식을 접했다. 이때부터 스님은 '이별'과 '죽음'이라는 명제를 가슴 속 깊이 끌어안기에 이른다.

그후 스님은 1901년에 비구니 귀완(貴完)스님을 은사로 축발득도(祝髮得度)[4]하고, 동운(東雲)스님을 계사로 사미니계를 받았다. 1910년에 가야산 해인사에서 해광스님을 계사로 구족계(具足戒)[5]를 수지하고, 다시 동학사로 돌아와 만우(萬愚)강백으로부터 경전과 조사어록 등을 수료했다.

그렇게 초발심의 구법의 지를 불태우며 공부에 전념하던 스님은 일대사(一大事)의 기연(機緣)을 접하게 된다. 경북 김천의 불영산 청암사에서 고봉경욱(古峰景昱)화상에게서 《법화경》을 배우던 중 덕숭산 정혜사에 큰 스님이 계시다는 소문을 듣게 되었고, 그 즉시 정혜사로 발길을 옮기기에 이른 것이다.

고봉경욱(古峰景昱, 1890~1961)스님.
법희스님이 경북 김천 청암사에 있을 때 그에게서 《법화경》을 배웠다. 1911년 남장사에서 혜봉스님을 은사로 출가한 후 만공 문하에서 수행을 한 고봉스님은 20대 초반에 경전을 가르칠 정도로 선교에 탁월했다.

만공스님과의 법연(法緣)

스님이 정혜사에 도착하니 당대의 거목 만공스님께서 미리 관(觀)하여 법기(法器)[6]임을 알고 산문 밖까지 마중나왔다. 이때부터 만공스님과 사자(師資)[7]의 인연을 맺은 스님은 가일층 피나는 수행정진에 돌입했다.

그 법연(法緣)에 힘입어 수덕사 견성암에서 수선안거(修禪安居)에 몰입하던 어느날 심안(心眼)이 홀연히 열리니, 만공스님께서 "장하다" 하시며 '묘리당(妙理堂)'이라는 당호와 함께 전법게

만공월면(滿空月面, 1871~1946)스님.
경허스님의 선맥을 이어 한국 선불교의 골격을 형성시킨 인물로 알려져 있으며, 법희스님의 법 스승이 되었다.

(傳法偈)를 내렸다. 1916년, 나이 30세 때의 일이다.

일만상 적멸함이 석가불의 면목이요
적멸함도 멸하여 다한 곳이 진귀조사 면목이로다.
불조가 천화한 지 2~3천 년에
묘한 이치 참된 광명 길이 매하지 않도다.
萬像寂滅釋迦面 寂滅滅已眞歸面(만상적멸석가면 적멸멸이진귀면)
佛祖遷化二三千 妙理眞光永不昧(불조천화이삼천 묘리진광영불매)

스님은 그러나 한소식의 진리를 터득한 이후에도 낮에는 스스로 채소밭을 일구며 몸소 백장청규(百丈淸規)[8]의 모범을 보였고, 밤에는 가일층 화두참구(話頭參究)에 들어 선납자로서의 본분을 다하는 등 후학들의 귀감이 되었다.

뿐만 아니다.

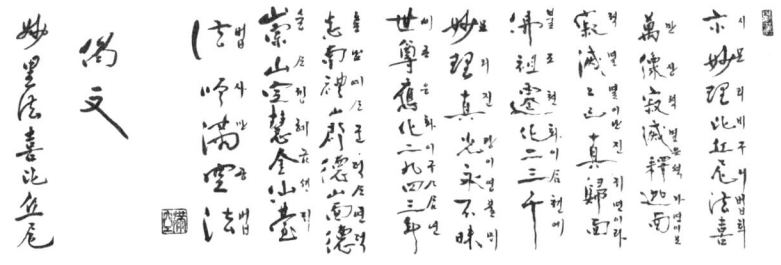

만공스님이 법희스님에게 내린 전법게.

스님은 평소에도 묵언(默言)으로 수행에 빈틈을 보이지 않았다. 후학 수좌들이 법을 물으면,

"조실(만공)스님께 물어. 난 몰라."

라고 말할 뿐이었다.

그래서 수좌들이 만공스님께 이런 말씀을 드리면,

"그러길래 내가 희(喜)수좌 희수좌 하지 않는가. 희수좌야말로 참 수좌지."

라며 칭찬을 아끼지 않았다.

비구니 선풍을 일으키니

항상 신심이 견고해야 공부를 잘 할 수 있다고 강조한 스님께서 어찌하여 자신이 얻은 일편지를 단 한 마디도 문자나 말을 빌

법회스님이 만공스님을 모시고 제자들과 함께 견성암 앞에서 기념촬영을 한 장면(1943년). 앞줄 한 가운데가 만공스님, 왼쪽이 법희스님이다.

리지 않은 채 만공스님께 물으라고 했던가.

분명한 것은 설령 말씀이 없었다고 해도 스님의 수행은 개울물이 흐르듯 쉬임없는 구도자적 생활 그대로였다는 점이다. 한 방울의 기름이라도 사중(寺中) 것과 개인 것을 가리고, 어두운 새벽부터 온 도량을 쓸고 닦고 가꾸는 등 주경야선(晝耕夜禪)으로 내면의 세계를 한층 키워가면서도 한 말씀도 하지 않는 하나하나가 행선(行禪)[9], 그 자체였던 것이다.

그렇듯 일편지를 얻은 후에도 스님의 용맹정진은 멈출 줄 몰랐다. 사불산 윤필암·지리산 구층암과 상무주암·서울 정릉 인수재·충남 덕산 보덕사·천성산 내원사·삼각산 승가사 등 전국의 수행처를 돌며 만행(萬行)과 안거수선을 통한 철저한 자기수행과 후학지도에 한 치의 소홀함도 보이지 않았다. 스님이 가는 곳은 예외없이 그를 따르는 수행자들의 발길이 끊이지 않아 훌륭한 수행도량이 만들어졌다. 그 세월이 50여 년, 한국불교의 비구니 선풍(禪風)이 새롭게 싹을 틔우고 있었던 것이다.

스님이 수덕사 견성암으로 다시 돌아온 것은 1966년이다. 이때부터 10여 년 간 견성암 비구니총림원장으로 주석하면서 선풍을 드날리니, 그 감화가 전국의 수좌들에게 미치지 않은 바가 없었다.

스님의 회상엔 늘 납자들이 몰려 들었고, 춘성(春城)·금오(金烏)·전강(田岡)·경봉(鏡峰)·향곡(香谷)·고봉(高峰)스님 등 당대의 대선사들이 찾아와 법거량을 하곤 할 정도였다. 그렇게 미수(米壽)의 노구에 이르기까지 마음과 육신을 쉬는 바 없이 유유자적하게 납자의 본분을 다하던 스님은 대중에게 가고 오는 바가 둘이 아님을 알리더니, 홀연히 열반에 들었다. 1975년 음력 3월 9일, 세수 89세요 법랍 85세였다.

우연의 일치였던가. 가고 옴을 하나로 관(觀)하는 깨달음의 경지에 도달했음인가.

법희스님이 만공스님을 만나 수행처로 삼았던 수덕사 견성암(현대식 건물). 훗날 비구니총림 원으로 지명되면서 초대 원장에 법희스님이 추대되었다.

스님의 입적일은 그가 할머니의 등에 업혀 입산한 출가일과 똑같은 음력 3월 9일이었다. 가는 날을 정하여 뭇 대중에게 보여준 스님의 열반의 묘상은 당신의 수행력이 가히 범상하지 않았음을 알게 해주고도 남음이 있었다.

덕숭산에 꽃을 피우고

한국 근세불교사에서 두 거목을 말하자면 경허스님과 만공스님을 서슴없이 든다. 경허스님이 적막한 조선불교 선종사를 다시 쓰게 한 한국선불교의 중흥조(中興祖)라면, 만공스님은 그의 법을 이어받아 선불교의 골격을 형성시킨 재목(才木)이기 때문이다. 두 스님은 사제지간(師弟之間)이면서 공교롭게도 모두 계율을 중시하는 교리적 수행을 초월하여 무애적 선행(無碍的 禪行)¹⁰⁾으로 당대를 풍미하고 있다. 특히나 한국불교의 수행전통이라 할 수 있는 사교입선(捨敎入禪)¹¹⁾의 체계를 철저히 거쳤다는 점에서 두 스님에 대한 관심은 지대하다. 만공스님과의 법연(法緣)은, 그래서 그 누구라도 예사롭지 않다.

불국사 조실을 지낸 월산(月山)스님은 대중이 덕숭산 수덕사를 가득 메운 가운데 봉행된 법희스님의 영결식에서 조사(弔辭)를 통해 그의 일생을 다음과 같이 찬탄하고 있다.

법희 노스님이 열반에 드니
건곤이 빛을 잃은 듯 대중이 다 슬퍼하고
해가 서산에 떨어지고 달이 동산에 떠오르듯이
이 덕숭산에 봄이 와서 잎이 피고 꽃이 피었도다.
法喜老鶴 西天飛 乾坤失色 日與光
(법희노학 서천비 건곤실색 일여광)
日落西山 月出東 此日崇山 春色滿
(일락서산 월출동 차일숭산 춘색만)

1975년 4월 24일이었다.

한국불교 비구니계의 표상으로 추앙받던 법희스님의 영결식장은 당대의 고승 벽초(碧超)·탄허(呑虛)·경산(京山)스님 등을 비롯한 수천의 대중이 모인 가운데 산천이 동요하는 애통함으로 메아리치고 있었다.

백설(白雪)보다 청결함이여

생존시의 법희스님을 가장 가까이서 모셨던 상좌 상륜(相侖, 삼각산 승가사 주지)스님은 은사의 높은 뜻을 기리고자 1979년 11월 14일 부도와 탑비를 세우니, 충남 덕산 보덕사에 우뚝 서 있는 부도탑비가 바로 그것이다. 비문에서 탄허스님은 법희스님의 일생을 이렇게 전하고 있다.

법희스님 입적 후 상좌 상륜스님이 벽초·탄허스님과 함께 부도탑비 제막식을 봉행하고 있다.(1979년 11월 14일).

맑은 시냇물로도 그 깨끗함을 견줄 수 없으며,
날으는 백설(白雪)로도 그 소박하고 청결함을 어찌 비교하랴.
수백 년 전과 수백 년 후라도,
이처럼 진실되고 성스러운 일은 없을 것이라고 여겨진다….

비문에서 예시한 것처럼 스님의 고매한 인격, 견고한 신심, 고요하고 온유한 성품, 등불처럼 밝은 얼굴, 온 천지를 포용할 듯

충남 덕산 가야산 보덕사에 모셔져 있는 법희스님의 부도와 탑비.

한 덕화는 한국불교 비구니계의 표징으로 남아 오늘도 후학들에게 더없는 전범(典範)이 되고 있다.

춘일(春一)·영명(靈明)·수옥(守玉)·영호(永浩)·도원(道圓)·혜능(慧能)·수찬(守贊)·원성(圓成)·도일(道一)·금목(金目)·현성(賢性, 이상 열반함)스님 등이 은사의 유지를 계승했으며, 장용(椎湧)·정화(貞和)·상륜(相崙)·정운(淨雲)·무생(無生)·월덕(月德)스님 등 상좌와 1백여 명이 넘는 법손들이 문보(門譜)를 형성하며 비구니 세계(世系)를 이어가고 있다.

무(無)의 반야용선을 타고

정 성 문(鄭性文)

1895년 5월 22일	경남 합천군 가야면 숭산리에서 출생.
1907년	해인사 삼선암에서 정보찬(鄭普讚)스님을 은사로 출가.(13세)
1914년	김호월스님을 계사로 구족계 수지.(20세)
1926년	해인사 국일암 타불스님으로부터 대교과 수료.(32세)
1928년	직지사 서전과 동화사 부도암을 선방으로 개설.(34세)
1955년	비구니로서는 최초로 교구본사(동화사) 주지 부임.(61세)
1974년 1월 24일(음)	세수 80세 법랍 67세로 입적.

무(無)의 반야용선을 타고
―성문 스님

무자화두[1]를 남기고

"무(無)― 무(無)― 무(無)―."

1974년 음력 1월 24일 새벽 2시경 해인사 삼선암.

가야산 봉우리 한 언저리에 아직은 흰 눈이 쌓여있고 양지에는 제비꽃이 군데군데 피어있는 이른 봄날, 한 비구니 노스님의 무자활구(無字活句)가 열반송이 되어 적막에 휩싸인 가야산의 골짜기를 메우고 있었다.

어린 시절 '말 없는 앞 산이 변할지라도 내 마음은 결코 변하지 않겠다'는 결심을 한 이후 일평생을 선교겸전(禪敎兼全)[2]과 전

정행(淨行)스님.
최초의 비구니 전계사로 현재 삼선암에 주석하고 있는 정행스님은 성문스님의 속가 여동생이다.

법포교의 선구자적인 역할을 담당했던 한 노(老) 비구니가 만중생과 열반의 묘상을 직접 체험하고 있는 종신(終身)[3]의 대중에게 몸소 반야바라밀을 시현(示現)하면서 피안의 길로 접어들고 있었다.

아직은 밤기온의 냉기가 채 가시지 않은 겨울 끄트머리에서 봄이 오는 소식을 전하며 노 니승은 그렇게 어둠의 터널을 지나가고 있었다. 서방정토 극락세계의 염원을 아스라이 침잠해 가는 의식 속에 차곡차곡 쌓으면서….

열 살 때 부모를 여의고서…

아직은 비구니 강사나 포교사가 드물던 시절에 후학들에게 배움의 의식을 일깨워 일찍부터 한국 비구니계의 선지자적인 인물로 평가받고 있는 그 니승은 혜월당(慧月堂) 정성문(鄭性文)스님이었다.

스님은 1895년 5월 22일 경남 합천군 가야면 숭산리에서 부친 진주 정(鄭)씨와 모친 진주 하(河)씨 사이에서 태어났다. 스님의 속가는 부친이 법화장(法華藏), 모친이 묘법화(妙法華)라는 법명을 지니고 있을 정도로 돈독한 불교집안이었다. 비구니 전계사(傳戒師)인 해인사 삼선암의 정행(淨行)스님이 속가 동생이다.

그렇게 다복한 불교집안에서 부처님의 가피를 입으며 어린 시절을 보낸 스님은 겨우 열 살 되던 해에 부모를 한꺼번에 잃는 불운을 맞았다. 다행히 불문(佛門)에 들어와 있던 집안 권속들의 영향을 받아 세속의 고통을 뒤로 한 채 1907년 해인사 삼선암으로 인연출가를 하게 되니, 나이 13세였다. 그후 20세 되던 해인 1914년에 삼선암의 창건주인 정보찬(鄭普讚)스님을 은사로, 김호월스님을 계사로 비구니계를 수지했다.

비구니로서 348항목의 구족계를 수지한 스님은 이후 32세 때인 1926년에 해인사 국일암에 주석하고 있던 타불스님으로부터 대교과를 수료했다. 당시 불교계는 비구니 강단이 없었고, 비구니가 마음놓고 경전공부를 할 수 있는 분위기는 더더욱이 아니었다. 겨우 인연경으로 공부를 할 수 있었던 정황으로 미루어 보아 비구니가 공부할 수 있었던 것은 극히 드문 경우였다.

선교겸수 그리고 청정도량을 가꾸니

만일 물질로써 나를 보거나, 음성으로써 나를 구한다면
그는 사도를 실천하는 사람이니, 능히 여래를 볼 수 없을 것이다.

1926년 대교과 수료 직후 도반 스님들과 기념촬영을 하였다. 왼쪽부터 성문·정행·문오·봉련스님. 동자승은 둘째 상좌 태호스님이다.

若以色見我 以音聲求我(약이색견아 이음성구아)
是人行邪道 不能見如來(시인행사도 불능견여래)

스님이 평소 애송했던 《금강경》의 한 구절이다. 후학 수좌들을 경책하고 용맹정진하도록 격려하는 가르침의 근간이 되었던 경구다.

스님은 일찍이 해인사 삼선암 뒷방에 달마상을 모셔놓고 도반 몇몇이 모여 안으로는 입·방선의 죽비를 쳐서 인(因)을 쌓았으며, 밖으로는 지장계를 모아 화주하여 사중에 들여놓는 연(緣)을 지어서 지금의 삼선암이 비구니선방으로서 그 면모를 갖추는 데 앞장섰다. 입·방선 시간 외에도 무자화두(無字話頭)에 몰두하여 자성찾기를 게을리하지 않았던 스님의 정진은 새벽에 이르기까지 계속되었고, 낮에는 결코 눕는 일이 없었다.

그뿐만이 아니었다.

오로지 자성(自性)의 자리를 볼 수 있을 때 부처님의 혜명(慧命)을 이었다고 강조할 만큼 납자로서의 엄격함을 수지했던 스님은 34세 때 직지사 서전(지금은 소실됨)과 동화사 부도암을 선방으로 개설하여 본인은 물론 후학들의 공부를 돕는 등 몸소 수행의 모범을 보였다.

철저한 수행으로 신해행증(信解行證)[4]의 현실구현을 꾀했던 스

출가·열반지인 해인사 삼선암의 법당 상량식 때 대중이 한자리에 모였다. 맨 앞줄 왼쪽에서 네번째 검은 안경을 쓴 분이 성문스님이다(1968년).

조계종 제9교구본사인 동화사 대웅전. 불교정화운동으로 한창 어수선하던 1955년 동화사가 정화되자, 성문스님이 비구니로서는 최초로 교구본사인 이 절의 주지로 임명됐다.

님은 참선수행을 하는 중에서도 가람불사와 정토발원을 잊지 않았다. 불교정화운동으로 한창 어수선하던 1955년 동화사가 정화되자 초대 주지로 취임하여 건물을 중수하는 한편 요사채를 새로 짓는 등 도량불사를 원만히 성취하기도 했다. 당시 동화사 주지 부임은 비구니로서는 최초로 교구본사 주지를 역임한 사례로 기록되고 있다. 스님의 역량을 살필 수 있는 대목이다.

정토구현을 발원하다

납자로서의 안거수행을 통해 자성찾기에 매진했던 스님은 해제철만 되면 "모두 모여 잡담하지 말고 염불하자"며 염주바구니를 들고 와서 도반들과 함께 백만 독을 목표로 정토구현을 발원했다. 끝나면 또 시작하는 등 염주를 돌리느라 손톱이 갈라지고 살갗이 벗겨져서 반창고가 떨어질 날이 없었다.

만년에 이르러서는 세연이 다했음을 알기라도 했든 듯 자리에 눕게 되었을 때도 본연의 자리를 잃지 않았다. 오히려 갈길이 얼마남지 않았다 하며 더욱 가행정진하였고, 대중운력에도 빠짐없이 동참했다.

열반에 들기 사흘 전의 일화다.

정신이 혼미한 상태에서도 허공을 향해 활개합장을 하면서 자주 예배하곤 하는 것이었다. 시봉하던 시자가 왜 그러시냐고 물으니,

"인로왕보살이 날 데리러 반야용선을 타고 오셨어."

라며 합장예배를 멈추지 않았다.

아니나 다를까. 사흘 후에 만물이 소생하는 소식을 전하는 곳으로 오시는 것과 같이 가시니, 세수 80세요 법랍 67세였다.

1974년 음력 1월 24일이었다.

교육없이 교화없다

"무— 무— 무—."

평소 무자(無字) 선삼매에 들어 자성성찰을 게을리하지 않았

던 스님의 수행력은 입적하면서까지도 화두를 놓아주질 않았다.

그렇게 화두참구를 일생의 목표로 정하여 용맹정진했던 스님은 선납자가 소홀할 수 있는 시공간적 방편교육의 이념을 실천에 옮긴 인물로도 이름이 높다. 선리탐구(禪理探究)의 모범을 보였던 그 이면에 불교 교육의 선지자적인 입장을 견지했던 스님을 후학들은 자주 회고한다. 당시는 '스님이 일반 대학교에 진학하면 퇴속하는 지름길'이라는 비난이 무성하던 터였다. 그러나 스님은 "교육없이 교화없다"며 "배워야 한다"는 일념으로 후학들의 대학진학을 권장하는 등 비구니 납자로서는 감히 생각하기도 어려웠던 일을 앞장서 실행에 옮겼다.

성문스님은 해마다 납월 8일부터 1주일간 철야 용맹정진하는 수행력을 보였다. 열반에 들기 바로 직전인 1973년 납팔정진을 마친 후 대중과 한자리에 모였다(해인사 삼선암).

성문스님은 승려의 일반 사회 교육의 필요성이 인식되지 않았던 1950년대에 제자들을 대학교에 진학시키는 등 선지자적인 면모를 보였다. 만년에 삼선암에서 손상좌와 망중한을 보내고 있다.

스님의 이러한 선교겸수·염불정진·포교주창·교육강조 등에 대한 평가는 스승의 유지를 받들고 있는 상좌들의 면면을 살펴볼 때 확연히 드러난다.

태한(泰漢, 열반)·태호(泰鎬, 열반)·태희(泰喜)·광우(光雨)·태경(泰鏡)·태응(泰應)·태인(泰仁, 열반)·태헌(泰憲, 열반)스님 등이 대표적인 제자들로서, 이들은 지금도 불법홍포와 교육불사의 선도적 역할을 담당하고 있다. 맏상좌 태한스님은 생전 선납자로서 은사의 수행가풍을 이었으며, 둘째 상좌 태호스님도 전국비구니회 이사장을 역임하면서 비구니의 위상정립에 앞장섰다. 광우·태경스님은 은사의 교육열에 힘입어 니승으로서는 처음으로 동국대 불교대학을 졸업했다. 이들 두 스님은 비구니계 '일하는 스님'으로 정평이 날 정도로 지금도 포교일선에서 전법교화와 후진양성에 진력하고 있다. 이밖에 손상좌 정륜·정심(이상 태한스님계)·정훈·정관·정민·정탄·현정·정일(이상 태호스님계)·

정덕·정수·정원·정운·효광·정도·묘법(이상 태희스님계)·정업·정유·정현·정목·정묘·정도·정주·정수·정등·정범(이상 광우스님계)·정효·정선·정법·정탁·정봉·정오·정석·정명·정준·정국·정욱·정진(이상 태경스님계)·정안·정연·보정(이상 태인스님계)스님 등 법손 70여 명이 각지에서 니승의 입지를 다져가고 있다.

생사 초탈한 옹대 작대기

김 만 성(金萬性)

1897년 11월 17일 충남 논산군 채운면 삼가리에서 출생.
1933년　　　　덕숭산 수덕사 만공(滿空)스님 친견 후 입산.(37세)
1936년　　　　만공스님 속가 모친인 의선(義善)비구니를 은사로
　　　　　　　　득도·수계.(40세)
1941년　　　　만공스님께 법 인가(法印可).(45세)
1946년~1956년　운문사 청신암·금강산 보덕굴·쌍계사 국사암
　　　　　　　　등지를 돌며 10여 년 간 운수행각(雲水行脚).
1956년　　　　금정산 범어사 대성암 입승 부임.(60세)
1975년 5월 9일　세납 79세 법랍 42세로 입적.

생사 초탈한 옹대 작대기

―만성 스님

하루는 젊은 운수납자(雲水衲子)가 노(老) 비구니를 찾았다.
"도(道)를 닦음이 있습니까?"
비구니가 답했다.
"닦은 바가 없다(無修)."
젊은 납자가 다시 물었다.
"생사(生死)를 해탈(解脫)함이 있습니까?"
비구니가 호통을 쳤다.
"누가 너의 생사를 줄로 묶어 놓았더냐!"
납자의 질문은 계속되었다.
"성불(成佛)함이 있습니까?"

비구니가 거침없이 한마디를 던졌다.

"본래 범부(凡夫)가 없노라."

도를 닦음이 있다면 닦는 마음과 도가 따로 있어야 한다. 그러나 도와 닦는 마음은 따로 있을 수 없다. 또 마음 자체에는 생사의 너울이 존재하지를 않는다. 존재하지 않으니 해탈할 것도 없는 것이다. 또 본래가 청정한데 범부가 어찌 따로 존재하겠는가. 성불할 것도 없는 것이다.

노(老) 비구니의 할(喝)은 그렇듯 생사를 넘고 있었다.

무언(無言)의 말씀

퍽이나 깨달은 듯 오만한 젊은 납자에게 일침을 가한 그 비구니는 김만성(金萬性)스님이었다. 그것은 스님이 만년을 보냈던 부산 범어사 대성암에서의 일화이다.

스님은 출가 이후 일생을 오로지 선리탐구(禪理探究)에 정진한 바, 경허(鏡虛)스님과 만공(滿空)스님의 사자(師資)관계에 비견될 만큼 묘리당 법희(妙理堂法喜)스님의 뒤를 이어 한국불교 비구니 선맥을 정립시킨 인물로 이름이 높다. 만공스님께 선사상을 배운 후 한평생을 선정삼매(禪定三昧)[1]를 낙삼아 사신 분으로 알려져 있다.

스님의 회상에는 항상 수많은 제방 비구니 납자들이 법어를 듣고자 모여 들었으며, 그때마다 스님은 유마거사의 '무언(無言)의 말씀'으로 진리를 보여 주었다. 한 마디 한 마디 말씀을 남기더라도 선을 일관하는 법어로써, 일체 모든 것을 무언의 실천으로 수좌들에게 용맹을 불어넣어 주었던 것이다. 평소 대중애호는 물론

한암중원(漢岩重遠, 1876~1951)스님.
만성스님은 조계종 초대 종정을 역임한 한암스님을 만나면서 마음의 위안을 얻고 출가를 결심하기에 이른다.

때로는 사사로운 애정에 끌리지 않는 매서운 성품으로 오늘날 비구니들의 정신적 지도자로서 그 표상이 되고 있다.

한암스님의 법문을 듣고

한국불교 비구니계의 대표적인 선승의 한 분으로 알려져 있는 만성스님은 1897년 11월 17일 충남 논산군 채운면 삼가리에서 부친 경주 김(金)씨 자윤(慈允)과 모친 최정자(崔貞子) 사이의 4남 1녀 중 넷째인 고명딸로 태어났다. 속명은 운자(雲子)로서 어렸을

적부터 사색을 즐기는 등 남달리 총명함을 보였다. 오라버니들이 서당에서 글을 배우고 와서 독송하면 어깨너머로 듣고 줄줄이 외우니 도리어 오라버니들이 물어볼 정도였다.

부모의 권유로 여느집 규수와 다름없이 일찍 결혼하였으나, 남편을 일찍 사별(死別)하는 비운을 접하는 등 일찍부터 세속사의 괴로움을 겪기도 하였다. 그러나 스님은 나이 30대 중반을 넘어서서 사바세계의 속된 사랑보다는 영원히 마음 속에 간직할 수 있는 사랑을 가꿀 벽이 필요하다는 것을 느꼈다.

그러던 중 우연히 오대산 상원사에 주석하고 있던 방한암(方漢岩)스님의 법문을 듣고 크게 위안을 얻기에 이른다. 스님은 한암스님께 자신의 심경을 털어 놓았다.

"절에 가면 초혼법(招魂法)[2]이 있다고 들었는데, 죽은 남편을 한 번만이라도 만날 수 있으면 원이 없겠습니다."

한암스님이 유심히 살펴보더니 말하기를,

"스님이 되면 만날 수 있지. 괴로움에서 벗어나길 원하거든 대법왕(大法王)께 귀의하라."

고 하셨다.

어찌 이 모든 것이 금생(今生)의 초연(初緣)이었겠는가. 스님은 출가 이전부터 장삼에 가사를 두르고 법당 앞을 소요(逍遙)하는 꿈을 꾸곤 하였다고 하니, 전생에서 금생으로 이어지는 선근(善根)을 가꾸고 있었던 것이다.

만성스님이 만공스님을 찾아 입산·출가했던 덕숭산 수덕사.

비구니 선맥의 뿌리를 내리고자

그런 일이 있은 어느 날, 덕숭산 수덕사에 도인이 있다는 말을 전해 듣고 수덕사로 발길을 옮겼다. 만공스님과의 인연은 이렇게 시작되었다. 스님을 보자 만공스님은 첫눈에 법기(法器)임을 알아보고 선문(禪門)에 들게 하였다. 대표적인 비구니 선승의 행로가 정해지는 찰나였다. 1933년, 나이 37세였다.

입산한 지 3년, 40세 되던 해인 1936년에 만공스님께서 의선(義善, 만공스님의 모친)스님의 위패상좌가 되도록 주선하여 비로소 '만성'이라는 법명과 함께 수계했다. 그후 비구니로서 지킬 구족계를 수지하고, 인간의 욕망을 속박하는 마음속의 생사를 해탈할 수 있는 길을 배웠다.

만공스님이 머물고 있던 덕숭산 전월사(轉月寺)에서 70여 일을 땅에다 허리를 대지 않고 용맹정진하게 된 것도 그 무렵이었다. 만공스님의 "상근은 7일이요, 중근은 3·7일이요, 하근은 1백일"이라는 가르침을 따라 1백 일을 한정해 놓고 참선에 전념하던 스님은 3·7일이 되던 날 정신적 희열감을 느끼게 된다.

영(靈)! 마음속에 영원히 모시는 이시여
황혼이 깔리는 산언덕 너머로 저녁 종소리가 흘러가고
마음과 형상을 달리한 나의 모습이
초연한 자세 속에 무르익어 가니
세속의 일체 번뇌를 끊기 위하여 오계와 십계를 받았고
이 십계 중에서도 살생과 남자를 엄격히 금하노니,

영(靈)! 마음 속에 당신을 그리던 마음의 계율을 버리고
상념마저 지워야 할 것 같나니
모든 애욕에서 불안과 걱정과 집착이 생기기 때문입니다.
부처님이시여
유혹하는 욕심의 그물을 끊고
사랑을 위해 끌리는 마음을 없게 하소서
당신과 같은 깊은 지혜를 얻게 하소서.

당시 자신의 심경을 훗날 제자들에게 일렀는데, 후학들의 전

금강산 보덕굴. 만성스님은 운수행각을 하는 동안 이곳에서 죽음을 각오한 수행정진에 들었다.

언(傳言)을 토대로 정리한 내용이다. 영(靈)은 번뇌를 불태우며 그리워한 마음속의 신앙이다.

정진 5년 만에 법 인가

스님의 일념정진은 해를 거듭했다. 급기야 화두를 챙긴 지 5년 만인 1941년에 만공스님께 법 인가를 받게 되니, 스님의 구도 열정이 어느 정도였는가를 가히 짐작할 수 있다. 나이 45세였다. 그러나 전법게는 애석하게도 유실되어 현존하지 않는다.

경봉정석(鏡峰靖錫, 1892~1982)스님. 만성스님의 선참구에 지대한 영향을 끼쳤던 경봉스님은 조선불교중앙선리참구원 이사장과 통도사 극락선원 조실을 역임한 근세 선승이다. 조사어록을 인용하지 않고 자신의 개안에 의한 일상어로 설법한 대표적인 고승이다.

    1946년 10월 만공스님이 입적하자 49재를 마친 스님은 10여 년 간 정든 덕숭산을 떠나 운수행각(雲水行脚)[3]의 길에 올랐다. 이때 처음으로 당도한 곳이 경북 청도 호거산 운문사 청신암이다. 이곳에서 한 철을 안거한 후 금강산 보덕굴을 거쳐 쌍계사 국사암 등 주로 남방 일대를 유력하면서 운수행각과 좌선을 통해 마치 진흙 속에서 한 떨기 연꽃이 피듯이 자성(自性)의 모습을 찾기에 이른다. 평소에도 해를 보거나 바위를 보더라도 그냥 지나치지 않았다. 혜암(惠庵)·경봉(鏡峰)·향곡(香谷)스님 등과도 선문답을 나누는 등 여러 비구승들을 친견하면서 정진에 정진을 거듭했다.

훗날 스님의 상좌인 현행(賢行)스님은 "스님께서는 밤을 낮삼아 용맹정진함은 물론 여느 비구 고승과 법담을 나눠도 막힘이 없을 정도로 법력이 대단했다"고 회고한다.

'항상 출가자는 계를 지키고 수행과 공부에 전념하여 훌륭한 승려가 되어야 한다'고 강조한 스님은 이후 60세 되던 해인 1956년부터 부산 금정산 범어사 대성암에 입승(立繩)으로 주석하면서 납자제접에 들어갔다. 대성암에 온 인연도, 하루 객으로 왔다가 자는데 꿈 속에 어떤 노승이 죽비를 주고 간 것이 인연이 되어 열반 때까지 머물게 되었다. 이를 계기로 대성암에 최초로 비구니 선방이 개설되었다.

스님은 어떤 예식도 갖추지 않았으며, 대중 운력시에도 대중들이 쉽게 알아 들도록 한 마디씩 일러주곤 하였다. 또한 항상 검소한 생활과 진실한 모습으로 수행실천에 앞장섰으며, 추우면 추운대로 더우면 더운대로 만족함을 느끼고 재물과 명리에도 초연했다. 한 마디 한 마디 말씀을 남기더라도 선(禪)을 일관하는 법어였다. 그 중 한 구절을 간추려 본다.

> 우리의 교사(敎師)이신 삼세제불(三世諸佛)[4]과 역대 조사(祖師)들이 중생에게 당부한 것은 오직 중생이 고해(苦海)를 뛰어넘게 하고 생사의 바다를 건너가게 하기 위함이니. 부처님께서는 이것을 일대사 인연(一大事因緣)[5]으로 삼았다. 그러나 이 생사를

초월한 법은 사량(思量)으로써는 알 수가 없다. 마음 밖에서는 구할 수 없고 다만 마음 안에서 구해야 한다.

생사의 바다를 건너서

평소 스님의 성품은 '옹대 작대기'란 별호가 붙을 정도로 깔끔하고 직설적이며 냉엄하면서 매서웠다. 그런 만큼 수좌들이 스스로 공부하게끔 분위기를 조성했으며, 수좌들의 공부하는 모습을 보면 매우 좋아하면서 용기를 북돋아 주는 등 대중애호에도 온 힘을 아끼지 않았다.

그렇게 일생을 화두 속에서 선정삼매를 즐기시며 비구니 선맥의 흐름을 후학들에게 전하고 있던 어느날, 스님은 세연이 다했음을 알고 문도들에게 두 가지 유훈을 남긴다.

첫째는 수장식(水葬式)이요, 둘째는 무상(無相)이었다. 수장식이란 죽은 후에 시신을 물 속에 넣고 떠오르지 못하게 하여 물고기들에게 육신을 보시(布施)하는 것이요, 무상이란 스님 자신으로 인한 일체의 번거로운 상을 내지 못하게 한 것을 일컫는다.

기실 선수행자의 진면목이 무여열반(無餘涅槃)[6]의 환희로 승화되는 가르침이 아닐 수 없다. 이 두 가지 유훈을 남긴 스님은 1975년 5월 9일, 세수 79세 법랍 42세로 세연(世緣)을 마감했다.

만성스님이 만년에 선방을 개설한 부산 범어사 대성암.
열반 때까지 이곳에서 제방 납자들을 제접했다.

　　대성암에서 오랫동안 스님을 모셨던 조카상좌 자행(自幸)스님은 당시 다비식 때의 더없는 법열감(法悅感)을 잊지 못한다. 스님의 육신을 밤새 다비하는 동안 새벽녘에 이르러 불현듯 광명이 발하더니 주위를 환하게 비추는 모습을 보았기 때문이다. 실로 스님의 '무언의 실천'은 피안의 길로 접어들면서까지도 그 빛을 발하고 있었던 터였다.
　　항상 자비 속에 하심(下心)[7]한 스님의 가르침은 오늘도 젊은 후학들에게 귀중한 교훈이 되고 있다. 일생을 참선수행으로 용맹정진하던 스님의 진솔한 삶은 언제까지라도 길이 이어져 후세에 연꽃으로 피어날 것임을 후학들은 의심치 않고 있다.
　　상좌 삼현(三賢. 열반)스님이 생전에 대성암에서 스님의 뜻을 이어 납자제접에 열중했으며, 지금은 현행(賢行)스님이 수덕사 견성암에서 후학독려에 성심을 아끼지 않고 있다. 이밖에 수많은 수좌들이 스님의 얼을 각지에서 기리고 있으며, 손상좌 명안(明眼)·명관(明冠)·명선(明仙)·명지(明志)·명상(明尙)스님 등이 비구니 선승으로서의 입지를 다져가고 있다.

미래세가 다하고도 남는 자유인

김 일 엽(金一葉)

1896년 6월 9일	평안남도 용강군 삼화면 덕동리에서 출생.
1907년		한국문학사상 신시(新詩)의 효시로 전하는
		국문시 〈동생의 죽음〉 발표. (12세)
1918년 3월 20일	이화전문 졸업. (23세)
1920년		동경 영화학교 수료 후 귀국.
		부녀잡지《신여자》창간
		편집주간 맡아 여성운동 제창. (25세)
1923년 9월	수덕사에서 만공선사를 만나 크게 발심. (28세)
1928년		금강산 서봉암에서 이성혜(李性惠) 스님을 은사로
		출가. 서울 선학원에서 만공선사 문하로
		득도·수계. (33세)
1933년 9월	수덕사 견성암 안착. (38세)
1934년 5월 1일	만공스님, '백련도엽(白蓮道葉)'이란 법호 하사. (39세)
1935년 3월 15일	표훈사에서 은사인 성혜스님을 계사로
		보살계 및 구족계 수지. (40세)
1966년		비구니총림원(견성암) 기공식 봉행. (71세)
1971년 1월 28일	세납 76세 법랍 43세로 입적.

미래세가 다하고도 남는 자유인
― 일엽 스님

신문학 초창기 선구적 여류문인

　목사의 딸로 태어나 동경 유학까지 다녀온 신학문의 소유자, 더욱이 신문학 초창기 최초의 여류 문인으로서 신여성운동을 주도하여 세인의 주목을 한몸에 받던 한 여성이 홀연히 속세를 떠나 불문(佛門)에 귀의한 사건은 세상을 놀라게 하기에 충분했다. 두 번의 결혼과 실패, 자유연애론과 신정조관(新貞操觀)의 지론으로 여성해방운동에 앞장서는 한편 삶과 죽음마저 맡겨버릴 만큼의 사랑 등 누구보다 열정적인 삶을 살았던 그가 한순간에 세파의 모든 것을 잘라내고 입산하자 세간의 시각은 분분하기가 이를

데 없었다.

김일엽스님.

세인들은 그를 일러 '시대의 반역아'라 불렀다. 일제시대, 식민통치하의 험담한 세월을 살아오면서도 주어진 환경이나 고정관념에 함몰되지 않는 대담한 태도로 좋은 일이건 궂은 일이건 스스로 창의적인 삶을 가꿔가던 그였기 때문이다.

그러나 그러한 자신의 관념과 생활은 영원한 것이 아니며 확고한 생활도 아닌 자만에 빠진 독선에 지나지 않는다는 사실을 알게 된 것은 불가(佛家)에 입문한 이후부터였다. '나타난 진리란 정함이 없다'는 진리당체를 비로소 깨우치게 된 것이었다. 역설적이라고도 표현되는 그의 삶에서 가장 큰 분수령이 된 일대사 인연을 만남이었다. 1928년의 입산·출가한 때를 말함이다.

사실, 일엽스님은 단순한 종교인이기에 앞서 철학가요 사상가의 면모를 간직하고 있었다.

"사랑이란 우주 전체의 힘이며, 생령(生靈) 본체의 생사가 걸린 인간의 가장 큰 문제이다. 나는 사랑의 근본을 알아 사랑할 줄 아는 사람이 되려고 중(僧)이 되었다"는 외침에서 알 수 있듯 그의 삶 전체에 일관되게 흐르고 있는 것은 특유의 결단력으로 시대의 벽을 깨고 나아가는 선각자적인 모습, 그것이었다.

인생문제를 풀 수 있는 실마리가 불법(佛法)에 있음을 알고

출가 직전 문인시절의 김일엽(뒷줄 안경 쓴 분).

  나서는 주저없이 출가를 결행할 정도로 어릴 적부터 스스로의 삶을 주체적으로 살아가고자 하는 적극적인 태도를 보였으며, 그 치열한 정신과 자존심은 그로 하여금 인간완성의 길로 나아가게 하는 근본 요인이 되어 주었다. 스님의 입산은, 그래서 세인의 분분한 의견과는 달리 현실도피성이 아닌 인생을 걸고 찾아 나서야 할 삶의 절실한 출발점이었다.

  그것은 "세상을 버리고 산에 들어와서 처음으로 한 공부는 '살고 보자'는 것이었다. 자기 본래의 만능적인 행동력으로 사는 것이 참으로 사는 것이기 때문이다"는 스님의 훗날 회고담에서도 능히 엿볼 수 있다.

  그렇다고 입산 후 다른 종교인과 다를바 없는 이상적이며 지고지순한 가치만을 추구한 삶은 아니었다. "나를 여읠 수 없는 나는 나를 만날 수 없으나, 나와 연결된 남이니 생사고락을 같이 한다"는 자비와 연민에 가득찬 심경으로 현실문제에 바탕을 둔 인간성 회복을 수행의 일차적 과제로 삼았고, 나아가 인류애를 바탕으로 한 인간구제에 뜻을 두었던 것이다.

그렇듯 뚜렷한 자기의 소리를 가진 까닭에 부처님의 말씀을 전할 때에도 종교적인 집착에 머물지 않고 깊은 영혼에서 우러나오는 생명력으로 뭇 대중에게 깨달음의 길을 전해줄 수 있었다.

신시(新詩) 그리고 여성운동

일찍이 신여성으로 여성 개화운동과 선구적인 문인으로서의 눈부신 활약을 뒤로 한 채 선문(禪門)에 귀의하여 세상을 놀라게 했던 일엽스님은 1896년 6월 9일(음력 4월 28일) 평남 용강군 삼화면 덕동리에서 목사인 부친 김용겸(金用兼)과 모친 이마대(李馬大) 사이 5남매 중 맏딸로 태어났다.

본명은 원주(元周), 일엽은 문인 시절의 아호, 법명은 하엽(荷葉)이다. 유년기의 첫 배움터는 구세학교(救世學校)였고, 이후 진남포 삼숭보통학교에서 기독교에 대한 정식 교육을 받았다. 하나님·예수 그리스도·신(神)에 대한 삼위일체의 교육이었다. 목사였던 부친의 독실한 종교열은 거의 성자적인 경지에 다다른 느낌

이었으며, 박애정신과 희생정신이 매우 강한 진실한 크리스찬이었다.

부친의 영향 때문이었을까. 스님은 이미 이때부터 어떤 일을 당해도 화가 나거나 초조하지 않을 정도의 종교심을 지니게 되었다. 그러나 1907년, 겨우 열두 살이 되던 해에 나이 어린 동생의 죽음을 겪으면서 땅이 꺼지는 듯한 슬픔을 맛보았다.

그 충격은 스님으로 하여금 자각(自覺)을 부채질했다. 그리하여 비애의 참담한 감정을 글로 옮기니, 바로 국문시 〈동생의 죽음〉이다. 육당 최남선이 쓴 신체시 〈해에게서 소년에게〉보다 1년을 앞서고 있어 한국문학사상 신시(新詩)의 효시로 전해오는 이 작품은 스님의 나이 불과 열두 살 때 쓰여진 것이었다.

그러나 동생의 죽음으로 비애감에 젖어 있는 것도 잠깐, 14세에 이르러 어머니도 세상을 뜨고 만다. 남은 동생들도 모두 단명하여 세상을 등진 뒤였다. 가족의 잇단 죽음에 고통을 감내해야 했던 스님은 '죽음'과 '이별'이란 회의를 어린 가슴에 품고서 보통학교를 졸업한 후 서울로 올라와 이화학당에 입학했다. 이때부터 이문회(以文會)란 문학동아리에서 정식으로 문학활동을 시작하게 되었으나, 아버지마저 세상을 하직하고 만다. 1915년 스님의 나이 20세 때였다. 이화전문의 전신인 이화학당 중학과에 진학한 그즈음이었다.

3·1운동이 일어났을 때는 스스로 전단을 작성하여 살포하는 등 독립운동에 적극 가담했던 스님은 하루아침에 고아의 신세가

되었지만, 신학문의 열정은 예서 멈출 수가 없었다. 동경 유학길에 올라 영화학교(英和學校)를 졸업하고 귀국한 때가 1920년, 스님의 나이 25세 때였다.

스님은 이때부터 여성 잡지를 통해 신여성운동론을 펼쳤다. 유학길에서 돌아온 그해 4월에 부녀 잡지 《신여자》를 창간하여 편집인 혹은 주간으로 잡지 발행을 주재했으며, 이를 통해 여성운동을 제창하고 나선 것이었다. 잡지 발행 당시 고문격으로 도와준 인물이 소파 방정환(小波 方定煥) 선생과 유광열(柳光烈) 씨였으며, 여류 화가 나혜석(羅蕙錫) · 박인덕(朴仁德) · 신(申)줄리아와 함께 김활란(金活蘭) 씨가 가담했다.

만공선사를 만나

"사람은 태어날 때부터 자유다. 자유연애 · 자유결혼 · 자유이혼은 신성한 것이며, 이를 금하는 것은 후진적인 폐습이 아닐 수 없다."

당시 스님이 입에 침이 마르도록 주창했던 신정조론의 골자다. 그것은 충격이었다. 세인의 관심과 시선이 스님에게 집중된 것은 당연한 일이었다.

신여성으로서 이렇듯 사회운동에 적극 가담했던 스님은 1923

년 9월, 나이 28세에 이르러 크게 발심(發心)하게 되는 인연을 접한다. 덕숭산 수덕사를 참배하는 길에 만공선사의 법문을 듣고 감격의 환희심을 일으키게 된 것이었다.

그것은 분명 석가모니 부처님이 출가하

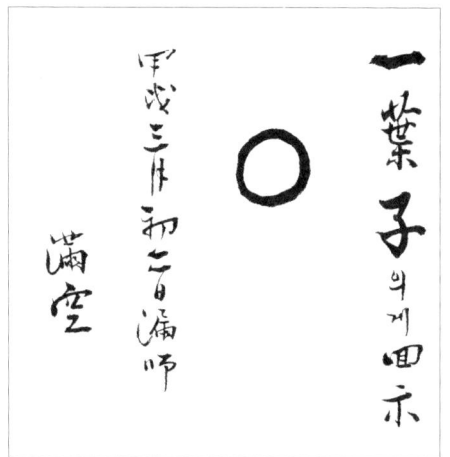

일엽스님에게 보낸 만공스님의 회시(回示).

기 전 태자로 있을 때의 사문유관(四門遊觀)[1]과 비견되는 일대 사건이었다. 백천만 겁이 지나도 만나기 어렵다는 불법의 기연(機緣)[2]을 마음속 깊이 끌어안게 된 일대사 인연, 그에 다름아니었던 것이다.

이후 3년여 간 아현보통학교에서 교편을 잡았으나, 그 또한 만공선사의 설법이 준 감화를 쓸어내지는 못했다. 당시 종단의 기관지인 월간《불교》지에 관여하며 문예란을 담당했던 것도 출가의 전조(前兆)였다. 《폐허동인》과 《신여자》 등의 각종 지상을 통해 왕성한 작품활동을 전개한 시기도 그 무렵이었다. 그것은 어쩌면 세속과의 단절을 감지한 신여성 문인으로서의 마지막 항변이었는지도 모를 일이었다.

급기야 세파를 떨치고 금강산 서봉암(棲鳳庵)에서 비구니 이

성혜(李性惠)스님을 은사로 입산·출가하니, 나이 서른셋이었다. 1928년의 일이었다. 그해 표훈사 신림암(神林庵)에서 하안거를 마친 후 서울 선학원에서 만공선사 문하로 득도·수계하고, 1935년 표훈사에서 은사인 성혜(性惠)스님을 계사로 다시 보살계와 비구니계를 수지했다. 이를 계기로 만공선사가 입적하던 1946년까지 그의 회상에서 안거를 성만하며 본격적인 수도생활에 몰입했다.

선문에 들어와 가행정진의 구도열을 불태우던 스님이 이후 평생 동안 수도처가 되었던 수덕사 견성암에 입산한 것은 구족계를 수지하기 2년 전인 1933년 9월이었다. 여기서 홀연히 한 소식을 접한 후 25년 동안 산문 밖을 나가지 않은 채 입승(立繩)[3]소임에 들어가니, 그 또한 지난(至難)한 구도심이 아니었던들 결코 쉬운 일은 아니었다. 오도송(悟道頌)을 옮기면 다음과 같다.

고인(古人)의 속임수에
헤매이고 고생하기
예로부터 그 얼마인고
큰 웃음 한 소리에
설리(雪裏)에 도화(桃花)가 만발하여
산과 들이 붉었네.

당시는 모든 것이 열악한 시대였는지라 몸을 씻을 곳 하나 제대로 갖추기가 힘들 정도였다. 그러다보니 특히 여성으로서 수행

수덕사 견성암에서의 입승시절 만공스님과 함께. 앞줄 가운데가 만공스님, 뒷줄 안경 쓴 분이 일엽스님.

의 장애가 한두 가지가 아니었다. 그 중에서도 한 달에 한 번씩 찾아오는 생리현상은 더없는 라훌라, 그것이었다. 스님의 사무친 서원과 발심구도심의 정도를 가늠케 하는 일화 하나가 전해온다.

견성암의 홍각이란 누각에 신장탱화가 모셔져 있는데, 그 불보살의 가피를 빌어 수행의 장애가 되는 바를 물리치고자 하는 서원을 세웠다. '여자로 태어난 업보가 크다보니 한 달에 한 번씩 생리현상이 찾아와 가없는 정진에 이만저만 방해가 되오니 이를 멈추게 해달라'는 발원기도를 한 달 동안 올리게 되었는데, 참으로 기이한 현상이 나타났다. 기도를 올린 다음 달부터 생리현상이 멈추게 된 것이었다. 정성이 사무치면 하늘이 돕는다는 격언이 결코 헛된 망상이 아니었음을 반증한 불보살의 가피와 스님의 깊은 구도심의 산물이었다.

대중포교의 뜻을 세우고

"그대가 지금 귀하다고 가진 무엇이라도 다 버려야 하고, 더구나 책을 읽고 보는 일이나 글 쓰고 구상하는 일은 아주 단념해야 한다."

입산할 당시 만공선사가 일엽스님에게 던진 할(喝)이다.

선사는 그후 스님의 금강과 같은 도의 경지를 살핀 연후에야 인가(印可)의 징표를 하사했다. 1934년 5월 초하루, 선사는 '백련도엽(白蓮道葉)'이란 법호와 함께 게송 하나를 내려주었다. '성야백련후시지출산(性若白蓮後始之出山)'이라. 성품이 백련과 같이 되었을 때 비로소 하산(문인활동 또는 중생제도)하라는 뜻이었다. 스님은 선사의 그 말씀을 따랐다.

스님은 또 만공선사가 내린 유훈 다섯 가지를 신조로 여기고 평생을 그같이 살았다.

첫째, 세세생생 참선밖에 할 것이 없음을 알아야 할 것이며,

둘째, 정법의 스승을 여의지 않아야 할 것이고,

셋째, 살아서 육체와 남이 되어야 할 것이며,

넷째, 남이 곧 나인 줄 알아야 할 것이요,

다섯째, 제일 무서운 것이 허공(虛空)인 줄 알아야 할 것이다.

스님의 글이 다시 세상에 나온 것은 1960년 3월이다. 나이 이순을 훨씬 넘긴 65세 때였다. 글 또한 망상의 근원이라며 불립문자를 내세우던 스승 만공선사의 뜻에 따라 절필한 지 30년도 더 지난 뒤였다. 그것은 보살의 궁극적인 만행(萬行)이 되는 상구보리(上求菩提)의 또다른 실천적 모습으로서 하화중생(下化衆生)[4], 즉 대중포교의 원력에 다름아니었다.

《어느 수도인의 회상》(1960년, 회상록), 《청춘을 불사르고》(1962년, 인생회상록), 《행복과 불행의 갈피에서》(1964년, 수상록) 등을 출간하게 된 것들이 그러한 스님의 원력의 소산이었고, 이 책들은 나오자마자 세인의 관심을 끌며 서점가를 강타했다. 스님

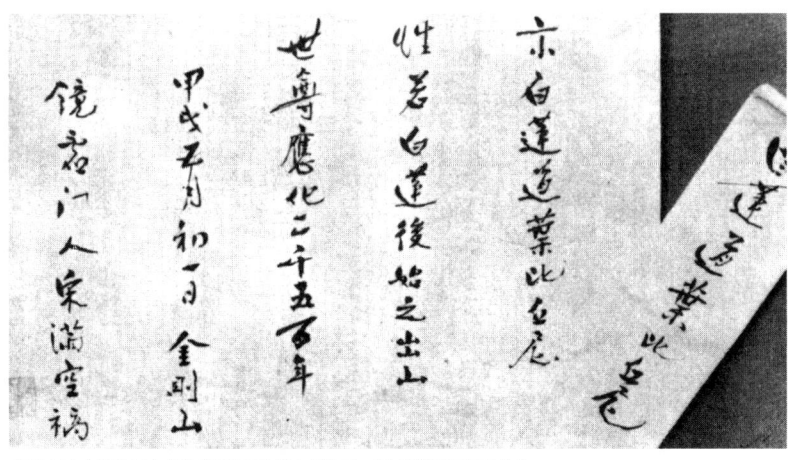

만공스님이 일엽스님에게 '백련도엽'이란 법호를 내린 전법게문(1934년).

의 개인과 비구니 세계의 내면에 대한 호기심에서 시작되었던 이 책들에 대한 관심은 스님의 깊은 성찰과 사색의 세계에 매료되어 폭발적인 판매 부수를 자랑했다. 비구니의 연애담 정도로 생각하고 책을 읽었던 사람들이 그 내용에 감화되어 입산을 하거나 불교에 귀의하는 등 사회적 영향력도 만만치 않았다.

돌이켜 보건대, 스님의 젊은 시절 문학활동에 대한 평가는 대단했다. 춘원 이광수가 감탄하여 일본의 유명한 문학인 히구찌찌오(通口一葉)를 들어 "한국의 '일엽'이 되라"며 아호까지 지어줄 정도로 빼어난 자질을 가지고 있었던 터이다.

이 과정에서 발표된 많은 작품들은 그가 문학사에 시인으로 남는데 부족함이 없었다. 그럼에도 불구하고 동시대의 다른 작가들에 비하여 평가가 소홀한 이유는 한창 원숙기에 작품활동을 그만두어 인상적인 대표작을 남기지 못했고, 출가 후에는 그 공백기가 길어 일반인들에게 많이 잊혀진 까닭이었다.

그러나 출가 후의 그의 작품들이 한국불교사와 문학사에 중요한 위치를 점유한다는 점은 분명하다. 한문의 형태로 내려오던 선문학이 만해선사에 이르러 비로소 근대화의 옷을 입었고, 그 명맥을 스님이 이었다는 사실이다. 그가 남긴 법어들이 많은 부분 수필 형태로 표현되었고, 수행과정의 오묘한 경지들이 근대적 문학 형태를 빌린 선시(禪詩)나 오도송(悟道頌)의 형태로 나타나기 시작했다는 것은 문학사적으로도 매우 중요한 의미를 던져주고 있기 때문이다. 그래서 스님의 시 가운데 만해스님의 〈님의 침묵〉

입적 한 해 전인 1970년 부처님오신날에 제자들과 함께. 앞줄 왼쪽부터 도선·일엽·경희스님, 뒷줄 왼쪽부터 용민·월송·정진스님.

에 비견되는 작품들이 있는 것은 결코 우연한 일이 아니라고 할 수 있다. 시 하나를 소개한다.

　　당신은 나에게 무엇이 되었삽기에
　　살아서 이 몸도
　　죽어서 이 혼까지도
　　그만 다 바치고 싶어질까요

　　보고 듣고 생각하는 온갖 좋은 건
　　모두 다 드려야만 하옵니까
　　내 것 네 것 가려질 길 없고

조건이나 대가가 따져질 새 어딨겠어요

혼마저 합쳐진 한 몸이건만

그래도 그래도
그지없이 아쉬움
그저 남아요

당신은 나에게 무엇이 되었삽기에

만공선사를 만나 크게 발심한 이후 출가를 결행한 바로 그해, 1928년 4월에 발표된 〈당신은 나에게 무엇이 되었삽기에〉란 시 전문이다.

비구니총림원을 세우다

오늘날 한국불교 제일의 비구니선원으로 자리매김한 수덕사 견성암은 스님의 원력의 소산이었다. 후학 니승들의 구도심을 발하게 하는 여법한 보금자리를 만들겠다는 스님의 지고한 서원은 노구(老軀)에도 불구하고 그 빛을 잃지 않았다. 1966년, 스님의 나이 71세 되던 해 노구의 법체를 이끌고 비구니총림원 기공식을

일엽스님이 만년에 주석했던 수덕사 환희대와 후학들이 스님의 선업을 기리고자 1973년 가을에 세운 5층석탑의 추모탑.

봉행하여 오늘날 견성암의 기반을 쌓았던 것이다.

여여한 수도선승의 자태를 세우면서도 대중포교의 서원은 끝을 보이지 않았다. 비구니총림원 건립기금 마련을 위하여 춘원 이광수의 작품인 포교연극 〈이차돈의 사〉를 각색하여 국립극장 무대에 올린 것은 획기적인 예술포교의 장르를 개척한 것이었다. 이때 손상좌 월송(月松)스님이 주연인 이차돈 역을 맡아 세간의 화제를 불러 일으키기도 하였다. 1967년 8월이었다.

오호통재라. 신학문을 섭렵한 신여성으로서, 출가 후에는 당대의 고승 만공선사의 맥을 잇는 근세불교의 보기드문 선승의 모습으로서 우리들 가슴속에 면면히 남아 있는 대비구니 일엽스님은 1970년 11월 하순, 입적의 전운을 느끼자 만년 수도생활의 주처가 되었던 수덕사 환희대에서 대중처소인 견성암 비구니총림원 별실로 거처를 옮길 뜻을 비추더니, 1971년 1월 28일(음력 정월 초이틀) 새벽 1시경에 이르러 열반에 들었다. 세수 76세요, 법랍 43세였다. 후학들은 불멸의 길로 나선 스님의 선업(禪業)을 만고토록 기리고자 환희대에 영정을 모시고, 1973년 가을엔 오층 석탑의 추모탑을 세웠다.

당대의 고승들은 앞다퉈 일엽스님을 기리는 찬송(讚頌)을 남기고 있다.

날을 맞도록 보고 싶고
밤이 다하도록 보고 싶고
일생이 다하도록 보고 싶었던 것이
대해노니 한 마디 할 것 없소
이것이 일엽스님의 본래 면목이로다
필경에 여하(如何)오 무(無)―.

인생은 그림자와 같고 또 꿈과 같은데
그 중에 어떤 물건 있어 늙음을 지었는고
하엽(荷葉)을 수습하여 돌아간 뒤에
겁(劫) 밖의 고귀한 보배, 향기 바람을 떨치네.

앞의 게송은 망월사 조실을 지냈던 춘성(春城)스님의 〈필경에 여하(如何)오〉의 전문이요, 뒤의 것은 수덕사 조실을 역임한 혜암(惠庵)스님의 〈인생은 그림자와 같고〉란 게송이다. 일엽스님의 활안(活眼)을 보는 듯하다.

후학들이 1974년 11월 발간한 일엽스님 문집 《미래세가 다하고 남도록》의 표지. 이 문집에는 일엽스님이 남긴 시·소설·수상·논설·서간문 등 총 1백70여 편의 작품이 실려있다.

미래세가 다하고 남도록

일엽스님이 가신 지 18년, 그러나 스님의 얼과 법훈(法訓)은 우리들 가슴을 떠나지 않고 있다. 1974년 11월 후학들이 발간한 그의 문집 《미래세가 다하고 남도록》의 표제(表題)가 말해주듯 일엽스님은 결코 가신 바가 없으며, 또한 오신 바 없이 그렇게 법신(法身)이 되어 사바극락(娑婆極樂)을 충만케 하고 있으니, 불출구(不出口)의 일엽이 되었음이다.

그 법훈을 직계로 받든 상좌·손상좌들만 하여도 1백여 명을 넘는다고 하니, 문하의 법손은 이루 헤아리기가 어렵다. 어찌 미래세가 다하고 남는다 하지 않을 것인가. 만정(萬淨)·일광(日光)·도안(道岸)스님이 은사의 유지를 따르다 적멸위락(寂滅爲樂)[5]

의 경계에 들었으며, 일생동안 은사를 시봉한 효상좌(孝上佐) 경희(慶喜)스님을 비롯해 도성(道成)·도선(道善)·법성(法性)·정행(淨行)·숭원(崇園)·법륜(法輪)·해관(海觀)스님 등 상좌들이 지금도 제방에서 선풍을 드날리고 있다. 손상좌들로는 정진(淨眞, 도안스님계)·월송(月松, 경희스님계)·자인(慈仁, 도성스님계)·인성(仁性)·광선(光善, 이상 만정스님계)·성우·성수(이상 일광스님계)·홍륜(興輪, 법성스님계)·일법(一法, 경희스님계)·자우(慈宇)·자적(慈寂)·자정(慈淨, 이상 도성스님계)·현우(賢愚, 도선스님계)·정문(正門, 정행스님계)스님 등이 대표적이다.

시대의 참 선객(禪客)

서 본 공(徐本空)

1907년 4월 1일(음)	강원도 고성군 수득면 덕산리에서 출생.
1925년	금강산 유점사 득도암에서 상운(祥雲)스님을 은사로 득도·수계. (19세)
1928년	금강산 유점사에서 동선(東宣)스님을 계사로 구족계 수지. (22세)
1929년	수덕사 견성암 만공(滿空) 회상에서 6년간 수선안거. (23세)
1935년	만공스님 법 인가. 법호 '본공' 하사. (29세)
1935년~1965년	사불산 윤필암·오대산 지장암·해인사 국일암·범어사 대성암·통도사 보타암·내원사·남해 도성암·묘관음사·동화사 부도암 등 제방선원에서 수선안거.
1965년 2월 27일(음)	세수 59세 법랍 40세로 입적.

시대의 참 선객(禪客)
—본공 스님

    서본공(徐本空) 선사.

    니승에게 서슴없이 '선사(禪師)'의 호칭을 부여하는 것은 매우 이례적이다. 나름대로의 비구니 계맥(系脈)을 형성하며 그 법맥을 계승해 온 한국 승가(僧伽)의 특수성을 감안하더라도 '비구니팔경계법'을 들어 니승을 철저하게 부정해 왔던 저간의 한국불교계의 현실이고 보면 그것은 분명 혁명적 용어라 할 수 있다.

    당대의 거목 만공(滿空)스님이 내린 '본공'이라는 법호(法號)는 선사의 구도자 일생을 한 마디로 가름하고 있다. '본래가 공(空)하다'는 뜻을 지닌 법호 '본공'은 선(禪)의 핵심을 의미하지 않는가.

본래가 공(空)한 것을…

스님은 1907년 음력 4월 1일 강원도 고성군 수득면 덕산리에서 부친 달성 서(徐)씨 재현과 모친 변보리성 사이 7남매 중 둘째 딸로 태어났다. 속명은 봉(鳳)이다. 속가는 독실한 불교집안이었다. 스님이 어렵지 않게 출가를 결심할 수 있었던 것도 집안의 친불교적 정서에 힘입은 바 컸다.

어린시절을 보내고 청소년기에 들어선 스님은 19세 때에 이르러 일대사 인연(一大事因緣)을 갈구하기에 이른다. 급기야 금강산 유점사 득도암을 찾아 비구니 상운(祥雲)스님을 은사로 출가한 후 사미니계를 수지했다. 이때 수지한 법명은 '계명(戒明)'이었다. 1925년의 일이었다.

그후 22세 때인 1928년에 유점사 조실 동선(東宣)스님을 계사로 구족계를 수지했고, 다시 그해 가을 만공스님의 법문을 듣고서는 재발심의 기연(機緣)을 맞이한다. 선문(禪門)에 입방하는 일대사 인연을 바로 만나게 된 것이었다.

자성(自性)을 찾기 위한 스님의 구도열정은 그러나 생각치 못한 곳에서 난관에 봉착했다. 만공스님의 법문을 듣고 그 문하생이 되고자 하는 심경을 은사에게 고했으나, 은사는 이를 허락하지 않았다.

'가야할 길'을 잃어버린 스님은 고민을 거듭한 끝에 만고의 기연을 그냥 흘러보낼 수 없다는 강한 의지에 불타오르기 시작했다. 금강산을 도망치듯 빠져나와 밤낮을 잊은 채 만공스님이 머물고 있는 덕숭산 수덕사로 발길을 옮겼다. 빈손이었기에 차편을 이용할 수도 없었다. 그렇게 몇 날 며칠을 걷고 또 걸어 수덕사에 당도하니, 법기(法器)가 법기를 알아본다고 했던가. 만공스님은 기꺼이 스님을 선문으로 안내하는 것이었다. 1929년, 나이 23세였다.

오대산 지장암에 선방을 개설하고 수년간 수선안거에 들었던 본공스님(앞줄 맨 왼쪽)이 1943년 만공스님을 모시고 기념촬영을 했다. 앞줄 가운데가 만공스님, 오른쪽 옆은 인홍스님, 뒷줄 맨 왼쪽은 선경스님이다.

'하나'의 지혜를 터득하다

스님은 이때부터 자아를 찾기 위한 고행정진에 몰입했다. 견성암에서 용맹정진(勇猛精進) 화두참구에 들어갔다. 6년 동안의 피나는 노력의 결실로 스님은 '하나(一)'를 관(觀)하는 경지를 터득하기에 이른다. 나이 29세 때인 1935년의 일이었다.

> 어찌 불법(佛法)에 비구 비구니가 있으며
> 세간과 출세간이 있겠는가.
> 어찌하여 북(北)이 있고 남(南)이 있으며
> 어찌 너와 내가 있을 수 있으리오.

그렇게 석가모니 부처님의 6년 고행의 발자취를 따라 수행의 정도를 높여갔던 스님의 홀연(忽然)한 오도(悟道)는 부처님 재세시 칭송을 받았던 제일 비구니들의 수행상을 보는 것과 같았다. 당시 스님의 각성(覺性)에 당대 선지식들의 선견(先見)이 있었음은 물론이었다. 그 선지식들이 스님에게 관심을 보였던 법서(法書)의 내용을 옮기면 다음과 같다.

> 무상계명 비구니 보아라.
> 만일 물질로써 나를 보거나, 음성으로써 나를 구한다면
> 그는 사도를 실천하는 사람이니, 능히 여래를 볼 수 없을 것이다.
> 示 無相戒明 比丘尼(시 무상계명 비구니)
> 若以色見我 以音聲求我(약이색견아 이음성구아)
> 是人行邪道 不能見如來(시인행사도 불능견여래)

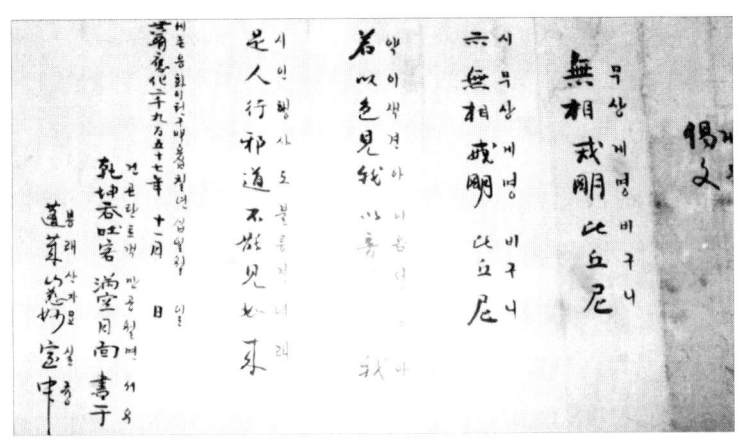

만공스님이 봉래산에서 금강경의 한 구절을 들어 본공스님에게 1930년 11월에 보내온 게문.

부처의 종자는 인연을 따라서 나는 바

달공으로써 호를 지어주느니

비구니 계명에게 대경의 일게로써 재차 보여준다.

마음으로 과거법을 헛되이 잡으려 말고

또한 미래세도 탐착하지 말며

현재 머물러 있는 곳에도 의지하지 않는다면

삼세가 다 공적함을 요달하리라.

佛種從緣生(불종종연생)

以達空號之贈(이달공호지증)

比丘尼戒明 仍示以大經一偈(비구니계명 잉시이대경일게)

心不妄取過去法(심불망취과거법)

亦不貪着未來世(역불탐착미래세)

不於現在有所住(불어현재유소주)

了達三世悉空寂(요달삼세실공적)

앞의 글은 만공스님이 봉래산(蓬萊山, 여름철의 금강산을 일컫는 이름)에서 금강경의 한 구절을 들어 1930년 11월에 보내온 게문이요, 뒤의 것은 1932년 3월 7일 한암스님이 오대산 상원사에서 쓴 서간문이다. 당대의 고승이 보낸 법서의 내용이 범상치 않은 바, 스님의 속성개오(速成開悟)를 짐작하고 있었던 것이다.

달마사행론(達磨四行論)을 받아지니고

본공 비구니에게 내리노니

달마대사의 사행론이 그것이다.

한낱 물건도 지음 없음을 이름하되 도를 짓는다 하며,

한낱 물건도 봄이 없음을 이름하되 도를 본다고 하며,

한낱 물건도 닦음 없음을 이름하되 도를 닦는다 하며,

한낱 물건도 얻음 없음을 이름하되 도를 얻는다 하느니라.

이 네 가지를 경솔하게 살펴 얻으면 헛수고(徒勞)며 큰 병을 얻을지니 살피고 살필지어다.

賜本空尼(사 본공니)

達磨大師四行論(달마대사사행론)

不作一介物名爲作道(부작일개물명위작도)

不見一介物名爲見道(불견일개물명위견도)

不修一介物名爲修道(불수일개물명위수도)

不得一介物名爲得道(부득일개물명위득도)

스님이 한소식을 접한 후 만공스님께서 법호(法號)를 내리니 '본공'이다. 이 게문은 법호와 함께 내린 법서의 내용이다. 그것은 온 우주가 열리고 삼라만상이 하나가 되는 이치를 담고 있는 달마대사의 사행론을 잘 살펴 간직하라는 뜻이었다. 이 법서는 현재 대구 기린산(麒麟山) 서봉사(瑞鳳寺)에 봉안되어 있다.

만공스님으로부터 인가를 받은 스님은 그해 경북 문경의 사불

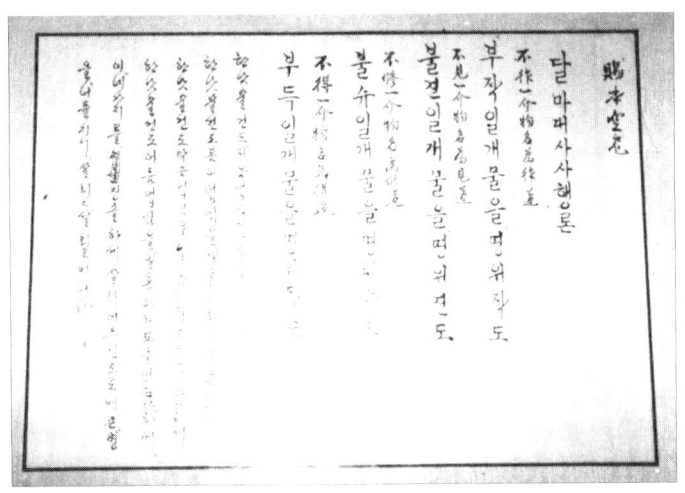

만공스님이 1935년 '본공'이라는 법호와 함께 내린 법서 '달마사행론'.

산 윤필암 입승(立繩)으로 부임하여 3년간 또다시 수선안거에 들었다. 3년여 간의 안거를 마친 스님은 이때부터 도보로써 구법행각(求法行脚)을 떠났다. 부처님의 '길'에서의 전도행각(傳道行脚)을 그대로 따름이었다.

문수보살의 '길' 안내

스님은 평소에도 '선(禪)이 기도요 기도가 선'이라는 강한 의지로 여여(如如)한 수행자의 모습을 잃지 않았다.

어느해 몹시 추웠던 겨울 만공스님의 "북방의 방한암(方漢岩)스님을 친견해 보아라"는 하교를 받들어 1937년 초겨울 오대산 상원사로 길을 떠났다. 도반 대현(大賢)·선경(禪敬)스님이 동행했다.

차가 없어 걸어서 강릉을 지나 사천을 넘어가는데 도중에 눈이 많이 내려 앞뒤를 분별하기가 힘들 정도였다. 길을 잃고 헤매는데 난데없이 하얀 강아지 한 마리가 나타나 스님 앞을 지나갔다. 눈덮인 첩첩산중에 웬 강아지냐는 생각이 들었으나, 기이한 마음이 앞서 강아지를 쫓아가는 수밖에 없었다. 그렇게 얼마를 갔던가. 상원사 관대궐이 눈앞에 나타났고, 그 순간 하얀 강아지는 온데간데 없이 사라지고 저녁예불 범종 소리만이 산천의 적막을 울리고 있었다. 무사히 상원사에 도착하여 이 사실을 한암스

동화사에서 동안거를 결제하면서 입방대중과 함께. 맨 앞줄 가운데가 효봉스님이며, 원내가 본공스님이다.

님께 말씀드렸다.

한암스님이 말하기를,

"신심이 있으면 어떠한 어려운 일도 극복할 수 있다. 그 하얀 강아지는 강아지가 아니라, 문수보살의 화신(化身)이었느니라." 고 하였다.

한암스님을 친견한 스님은 그해 동안거를 마친 후 오대산 지장암에 선방을 개설하고 다시 수년 간 수선안거에 들어갔다. 해방직후인 1948년, 스님의 나이 42세 때에는 해인사를 찾아 국일암에 선방을 열고 효봉(曉峰)스님 회상에서 5년여에 걸쳐 그칠 줄 모르는 선열(禪悅)의 기쁨을 누렸다. 홍련암에 머물던 때는 생전에 가장 아끼던 명성(明星)스님을 손상좌로 두게 되자 몹시 기뻐하며 '훗날 대강백이 될 것'을 미리 관(觀)하기도 하였다.

"본공은 예사 비구니가 아니다"

스님의 안거수행은 여기서 멈추지 않았다. 1953년에 범어사 대성암을 찾아 3년간 안거에 들었으며, 통도사 보타암·내원사·남해 도성암·묘관음사·동화사 부도암 등지에서 수선안거에 드는 등 납자의 본분사를 게을리 하지 않았다. 당시 효봉(曉峰)·향곡(香谷)·석우(石友)스님 등 대덕스님들은 이를 보고 "본공은 예사 비구니가 아니다"며 격려를 아끼지 않았다. 석우스님의 친설(親說)을 옮긴다. 1951년에 쓰여진 게문이며, 각환은 본공스님의 또다른 법호다.

비구니 각환 보아라.
(생사가) 환상인줄 알면 곧장 (생사를) 벗어남이니 방편을 지을 필요가 없고,
(생사를) 벗어난줄 알면 곧장 깨달음이니 또한 차근차근 닦을 필요가 없다.
무릇 도라 함은 방편도 아니고 점차(漸次)도 없는 것이거늘,

이것이 무슨 경계인고?

그것은 바로 각환 비구니로다. 억!

示比丘尼覺幻(시 비구니 각환)

知幻卽離不作方便(지환즉리부작방편)

知離卽覺亦無漸次(지리즉각역무점차)

凡道不方便無漸次(범도불방편무점차)

是甚麽境界(시심마경계)

只是筒覺幻比丘尼咄(지시통각환비구니 돌)

그렇듯 한평생을 생사를 걸고 해탈의 경지를 누렸던 본공스님. 스님은 과거 걸출한 선객(禪客)들이 묵언(默言)으로써 불법(佛

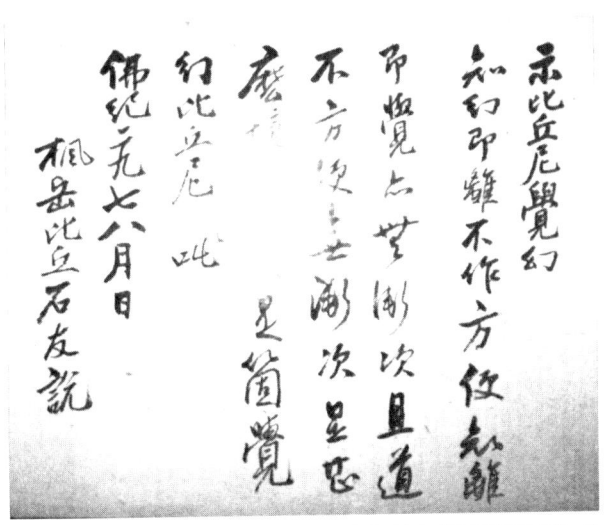

본공스님의 수행정진을 칭찬하며 석우(1875~1958)스님이 내린 친설(1951년). 석우스님은 1955년 8월부터 3년간 조계종 종정을 역임한 근세 고승이다.

본공스님이 만년에 주석했던 대구 기린산 서봉사.

法)을 남겼듯이 한 마디 말씀조차 없었으니, 세월이 무상하게 흘러가도 쉬임없는 수행자의 행(行) 그대로였다.

그러던 어느날 결코 길지 않은 세연(世緣)을 마감하고 사바중생제도의 원력을 내생(來生)으로 기약하며 홀연히 열반의 경지에 들었다. 세납 59세요, 법랍 40세였다. 1965년 음력 2월 27일 대구 서봉사에서의 일이었다. 서봉사는 스님께서 만년에 주석한 사찰로, 후학들이 현재 이 사찰을 중심으로 '봉래문중(蓬萊門中)'을 형성하여 노(老)스님의 얼을 기리며 그 법맥을 잇고 있다.

후학들, 비구니계 대표문중 자랑

생전의 스님을 일러 대중이 붙여준 이름은 '입승(立繩)스님'

이었다. 만공스님께 인가를 받은 후부터 제방의 선원에서 수선안 거에 몰두할 때마다 입승의 소임은 스님의 몫이었기 때문이다. 평생을 선객으로서 구도의 열정을 불사르며 보리(菩提)[1]를 구하고 중생을 교화하는데 추호의 흐트러짐을 보이지 않았던 스님의 구법이타행(求法利他行)[2]의 고매한 삶은 그대로 후학들의 전범이 되어 지금도 면면한 얼을 한국불교사에 고스란히 남기고 있다.

　법열(法悅)・선행(善行)・경희(慶喜)・도안(道眼)・유심(唯心)・무주(無住)스님 등의 직상좌들이 그 뜻을 받들었다. 경희스님만을 제외한 이들 상좌들은 애석하게도 모두 은사스님의 피안(彼岸)의 여정을 뒤따랐다. 경희스님은 현재 본공스님이 사바에서의 마지막 여로(旅路)를 누렸던 대구 서봉사 주지로서, 또 화성양로원 원장으로서 스승의 구법이타행을 몸소 실천하고 있다. 손상좌로는 운문사 주지 명성(明星, 선행스님계)스님을 비롯해 명원(明圓, 도안스님계)・명길(明吉, 도안스님계)・명호(明昊, 법열스님계)・명륜(明倫, 유심스님계)・명우(明又, 무주스님계)・명순(明諄, 경희스님계)・정문(경희스님계)・명진(明進, 무주스님계)・명권(明權, 선행스님계)・명녕(明寧, 법열스님계)・명전(明傳, 경희스님계)・명엽(明葉, 경희스님계)・성우(법열스님계)스님 등 무려 2백여 명을 헤아리고 있다. 오늘날 한국불교 비구니계를 대표하는 법맥의 면면들이 아닐 수 없다.

제2부
깨어있는 삶으로

무소유 본분 간직한 청풍납자

최 월 혜(崔月慧)

1895년 8월 15일(음) 경상북도 안동에서 출생.
1936년   경상북도 문경 사불산 윤필암에서
                  선진(善眞)스님을 은사로 출가.(42세)
1936년~1956년   사불산 윤필암·오대산 지장암·덕숭산 견성암을
                  오가며 수선안거.
1937년   경상북도 문경 대승사에서
                  청안(淸眼)스님을 계사로 사미니계 수지.(43세)
1945년   부산 범어사에서
                  동산(東山)스님을 계사로 구족계 수지.(51세)
1956년 8월 28일(음) 세수 62세 법랍 20세로 열반.

무소유 본분 간직한 청풍납자

— 월혜 스님

변하지 않는 것이 하나 있습니다. 그것은 마음, 곧 '나'입니다. 이 '마음'을 내놓고는 현실이 없고, 다른 것은 다 거짓말이고 없는 것입니다. 이 '마음', 이 '나'로부터 부처도 나오고 중생도 나옵니다. 이 마음을 깨달아야 비로소 중생을 위하고 남을 위한 자기의 생활을 할 수 있습니다. 극락이 바로 여기에 있는 것입니다.

신수(身手)가 훤한 30대의 젊은 비구 납자가 나이를 초월한 사자후(獅子吼)[1]를 뿜어내고 있었다.

마음은 '나'라는 생명의 본체입니다. 동시에 바로 전 우주의 생명으로서 지식도 사상도 신앙도 아니며, 부처님도 하나님도 일체만물도 아닙니다. 그래서 아무것도 아니며, 아무것도 아닌 것조차도 아니며, 설명할 수도 없고, 또한 생각할 수도 없는 '그 무엇'입니다. 물질도 허공도 아닌 이 마음은 우주의 생명입니다. 이 마음은 영원불멸의 실재이며, 절대자유의 생명이며, 우주의 핵심이며, 온 누리의 진리이며, 천지조화의 본체이며, 신의 섭리이며, 문화창조의 원동력입니다.

일제의 독기가 극성을 부리던 1936년, 경상북도 안동의 한 포교당에서의 일이었다. 젊은 수좌는 부처님 이래 모든 선승들이 거쳐간 자리에 놓여 있는 존재 이전의 '그 무엇'을 포교당을 가득 메운 대중에게 역설하고 있었다.

그런데, 그 많은 대중 속에서 한 중년부인이 안광(眼光)을 발하며 젊은 납자의 법문을 쉬임없이 좇고 있었다. 그러나 법을 설하는 젊은 납자만이 간혹 눈을 마주쳤을 뿐, 그녀가 발심(發心)을 일으키게 되는 상서로운 징조를 알아차린 사람은 아무도 없었다.

참 불교를 찾아

"우리가 지금까지 알고 믿었던 불교는 껍데기 불교였다. 오늘

월혜스님이 출가의 결심을 하고 찾아 나섰던 사불산 윤필암.

젊은 스님의 법문을 들어보니 참 불교는 따로 있는 것 같았다. 그 참 불교를 찾을 수 있는 길을 나도 가야겠다."

그녀는 그날 집으로 돌아온 후부터 설레는 마음을 가누질 못했다. 만주에서 판사생활을 하고 있던 아들에게 곧바로 출가(出家)의 뜻을 알렸다. 아들은 그녀의 말을 듣자 밤을 새워가며 만류했다. 단란한 가정에서 아쉬울 게 없는 삶을 일궈오던 터였기에 그녀의 출가는 마른 하늘에 날벼락이었다. 그러나 그녀는 안동포교당에서 그 법문을 들은 지 3일 만에 집을 나서고 말았다. 그리고 끝이었다. 속세와의 인연은 그렇게 그녀의 마음속에서 지워졌다. 불혹(不惑)의 나이를 넘긴 42세 때였다.

그녀가 당도한 곳은 경상북도 문경의 사불산(四佛山) 윤필암이었다. 윤필암은 덕숭산 견성암·오대산 지장암과 더불어 당시의 대표적인 비구니 선방이었다. 그녀는 여기서 평생 동안 자신의 견처(見處)의 정도를 가늠해 주는 은사 선진(善眞)비구니를 만나게 된다.

그녀가 월혜(月慧)스님이다. 그리고 그녀를 예토(穢土)[2)]에서 홀연히 건져올린 그 젊은 납자는 머지않아 조계종 승단정화에 불을 당기게 되는 청담(靑潭)스님이었다. 은사인 선진스님은 속리산 법주사 수정암 출신이었다. 금강산 신계사 법기암에서 한소식을 얻은 후 견성암 출신의 응함(應函)·응준(應俊)스님과 함께 윤필암을 선방으로 개척한 당대의 보기드문 비구니 선승이었다.

'잘나가던' 속세의 연을 끊고

월혜스님은 빼어난 용모를 자랑하던 여성이었다. 눈썹 위에 성냥개비 3개가 올라앉을 정도로 준수한 미모를 간직하고 있었다. 1936년, 그녀가 청담스님의 법문을 듣게 된 그때까지만 해도 판사 아들을 둔 속세말로 '잘나가던' 집안의 안주인이었다. 그렇게 남부럽지 않게 살아오던 그녀가 한순간 젊은 수좌의 법문을 듣고 발심출가하게 된 것은 일대 사건이 아닐 수 없었다. 그것은 삼세(三世)의 기연(機緣)이 가져다 준 일대사 인연(一大事因緣)에

청담순호(靑潭淳浩, 1902~1971)스님.
조계종 승단정화의 선봉에 선 후, 초대 총무원장과 통합종단 2대 종정을 역임한 청담스님은 월혜스님이 출가를 결심하는데 결정적인 영향을 끼쳤다.

의해서였다고 볼 수밖에 없었다.

　스님은 1895년 음력 8월 15일 경상북도 안동에서 경주 최(崔)씨 집안의 딸로 태어났다. 속명은 순옥(順玉)이었다. 출가 후 속세와의 온전한 단절은 스님의 세속인연을 더 이상 알지 못하게 하는 까닭이 되고 있다.

　판사 아들이 결혼 후 윤필암을 찾아오겠다는 편지를 보냈으나, 스님은 단호히 거절했다. 가는 길이 서로 다르니 인연의 끈을 갖고 가는 것은 서로에게 고통만을 더해 준다는 것이 이유였다. 늦깎이 중이었던 만큼 속세에 대한 매정함은 사불산의 바위보다 더했다. 스님에게 절실한 것은 오롯한 수행, 그것뿐이었던 것이다.

　윤필암으로 입산을 결행한 스님은 밤새 철야기도와 참선수행에 힘쏟기를 백척간두 진일보(百尺竿頭進一步)의 자세로 임했다. 죽기를 각오한 정진수행은 얼마 지나지 않아 제방 납자들의 표상이 될 정도로 그 전범(典範)이 되어 주었다. 스님보다 세납은 적었으나, 먼저 출가하여 선지(禪旨)[3]를 내면 깊숙히 끌어안고 있던 비구니 본공(本空)·선경(禪敬)스님 등이 도반이 되어 깨침의 도를 주고 받았다. 그즈음 큰절인 대승사에서 청안(淸眼)스님을 계사로 사미니계를 수지했다. 출가 이듬해인 1937년이었다.

법연(法緣)의 고리

윤필암에서 용맹정진의 수범(垂範)을 보이며 '참 나'를 찾는데 조금도 틈을 보이지 않았던 스님은 사미니계를 수지한 이후에

오대산 지장암. 월혜스님은 당시 대표적인 선방이었던 사불산 윤필암과 덕숭산 견성암·오대산 지장암을 오가며 안거수선을 놓지 않았다.

는 덕숭산 견성암과 오대산 지장암을 오가며 안거수선을 놓지 않았다. 당대의 선사 만공(滿空)스님과 한암(漢岩)스님을 참배하게 된 것은 이즈음이었다. 두 선사의 회상에서 수행의 정도를 가늠하며 청풍납자로서 비구니 선풍을 진작시키는데 한 몫을 해내게 된 것도 이때부터다. 만행(萬行)을 거듭하면서 고봉(古峰)·효봉(曉峰)·성철(性徹)·자운(慈雲)스님 등 당대의 걸출한 비구승들도 친견했다.

다시 윤필암으로 돌아와서는 입승(立繩)의 소임을 맡았다. 이때 청담스님의 둘째 딸인 묘엄(妙嚴)스님을 맏상좌로 맞아들이게 된다. 이 또한 기연이었다. 청담스님은 스님이 불가(佛家)에 입문하는데 결정적인 영향력을 끼친 분이었다. 다시 청담스님의 속가에서의 인연고리를 스님이 제자로 받아들이게 된 것이다. 진속(眞俗)[4]이 둘이 아닌 중중무진법계(重重無盡法界)[5]의 인연은 그렇게 이어지고 있었다.

묘엄스님이 스님의 상좌로 되기까지는 사제(師弟)가 모두 납자의 본분사를 간직하고 있었던 데서 작용되었다. 세속의 인연을 따라 윤필암의 큰절인 대승사로 부친(청담스님)를 찾은 15세 소녀 묘엄은 청담스님으로부터 '학교에서의 공부보다는 불교공부가 훨씬 낫다'는 것을 확인하고서 출가를 결심했다. 보름 후 청담스님은 묘엄을 윤필암으로 보내면서 "은사를 정하는 일은 대중이 하는 일이니 대중이 시키는대로 은사스님을 정하라"고 하였다. 당시만 해도 스님들 중에는 자기 앞으로 논밭을 가지고 있었던 터

법주사 수정암. 월혜스님은 윤필암에서 수정암 출신의 선진스님을 은사로 출가, 수정문중의 선맥을 계승했다.

였다. 그러나 월혜스님은 자신이 갖고 있던 논 세 마지기마저 사중에 내놓을 정도로 무소유의 본분을 그대로 보여주고 있었다. 묘엄은 부처님께서도 출가할 때 모든 것을 버리고 갔다는 부친의 가르침을 떠올리면서, 월혜스님의 상좌가 되겠다는 뜻을 비췄다. 월혜스님과 묘엄의 법연(法緣)은 그렇게 맺어졌다. 1945년 5월 단오날이었다.

그후 일제로부터 해방이 되었고, 스님은 그 직후 범어사에서 동산(東山)스님을 계사로 비구니계를 수지했다. 구족계를 받은 후부터 스님의 구도심은 더욱 깊어만 갔다.

시은(施恩)을 입지 말라

스님의 평소 지론은 시은(施恩)을 입지 않는 것이었다. 그것은 무소유를 근본으로 삼는 수행납자로서의 철칙이었고, 후학들에게 간곡히 당부한 가르침이었다. 시주의 은혜를 입는 것은 또다시 과보(果報)의 인연고리를 남기는 것이기 때문에, 해탈을 목표로 한 수행자는 철저하게 시은에서 초탈해야 한다는 것이었다. 스님의 이같은 지론은 입적(入寂)하는 그날까지 지켜졌다. 신도가 그 무엇을 갖다주어도 받지 않았으며, 행여 받지 않을 수 없는 상황에서는 사찰의 대중 숫자에 맞춰 일정하게 나눠주었다.

스님은 또 후학들에게 항상 경책하기를 발심하여 정진을 멈추지 말라고 하였다. 인생은 무상하고, 이는 부처님의 인생관이기도 하였기에 석(釋)씨 가문으로 들어온 이상 부처님의 인생관을 따라야 한다는 가르침이었다.

스님의 그러한 소신은 금강과 같이 엄격했다. 세속에 대한 매정함이 수행에 그대로 이어짐이었다. 다음과 같은 일화가 전해온다.

하루는 스님께서 목욕하는 동안 묘엄스님이 은사스님을 생각해서 장삼 등 벗어놓은 옷가지를 빨아 풀을 먹였다. 그것이 잘못되었는지 장삼이 동태처럼 빳빳해서 도저히 입기에는 불편할 정도였다. 그러나 스님은 장삼에 먹인 풀이 다 없어질 때까지 그것을 입었고, 묘엄을 불러놓고서는 "이 옷에 풀을 먹이는데 얼마만큼의 시은을 입어야 하는지 아는가"라며 엄하게 꾸중했다고 한다.

또, 열반에 즈음해서 유언을 남겼는데, 널(棺)도 사지 말 것이며, 돗자리에 말아서 그대로 화장해 달라는 것이었다. 후학들은 그 유언을 따랐다. 조문객도 없는 적막한 다비식이었다.

"중노릇 잘 할려면 월혜한테 가라"

스님은 진정한 선객(禪客)이었다. 반평생 재가신도로서 모범적인 신앙인의 자세를 잃지 않았던 그였지만, 그것이 껍데기 불교라는 홀연한 깨침이 일자 한순간에 세간의 모든 것을 벗어 던진 석씨가문의 진정한 불제자였다. 손에는 항상 선종의 중요어록을 집대성한 《선문촬요(禪門撮要)》가 들려 있었다. 행주좌와(行住坐臥) 중에서도 교학(敎學)과 선지(禪旨)를 배우는데 게을리하지 않았던 것이다.

윤필암에서 입승소임을 보던 어느날, 갑자기 스님이 사라진 일이 있었다. 훗날 알고보니 충청북도 월악산 신륵사에서 한 철을 안거한 후 다시 돌아온 것이었다. 입승소임을 보자니 정작 자신은 수행하기가 쉽지 않아 아무도 찾지 않는 곳에서 홀로 정진에 몰두했다는 것이다. 당시 신륵사는 빈 암자로 버려져 있었던 터였다. 스님은 이곳에서 보리쌀 한 말로 3개월을 살았다. 구도열정이 어떠했는가를 여실히 보여주는 대목이 아닐 수 없다.

그래서 만공스님이 제방 비구니 납자들에게 던진 화두는 스님의 진면목을 보는 듯 하다.

"중노릇 잘 할려면 월혜한테 가라!"

월혜스님이 1주일간의 단식정진에 들어간 후 열반에 든 경북 문경의 김룡사 선원.

세연이 다했음을 알기라도 했는지, 도대체 음식을 들지 않았다.

제자들이 "스님, 정진하십니까?" 물으면, 손가락만 들어 보일 뿐이었다. 그렇게 1주일간 단식정진에 들어갔다. 그리고 홀연히 열반적정(涅槃寂靜)의 경지에 들었다. 세수 62세요 법랍 20세였다. 1956년 음력 8월 28일, 경상북도 문경 김룡사에서의 일이었다.

삼세를 뛰어넘은 정진력

비록 늦깎이로 중생활을 시작했지만, 납자로서의 20년은 삼세를 뛰어넘었다. 스님의 지칠 줄 모르던 정진수행상은 그대로 상좌들에게 이어졌다. 선납자로서, 이 시대 최고의 강사로서, 사회복지의 원력보살로서 스님의 상좌들은 하나같이 한국불교의 버팀목이 되어주고 있다.

맏상좌 묘엄(妙嚴)스님은 운문사·동학사·청암사와 함께 오늘날 대표적인 비구니 강원인 수원 봉녕사 승가대학 학장이요, 주지로서 승가교육의 미래를 일궈가고 있다. 둘째 상좌 묘전(妙典)스님은 대구 팔공산 반야정사에서 은사의 선풍을 드날리고 있으며, 셋째 상좌 묘희(妙喜)스님은 노인요양원인 사회복지법인 자제정사를 운영하며 복지정토의 현실구현을 꿈꾸고 있다. 혜관(慧觀)·원각(圓覺)·고견(古見)·상운(祥雲)·묘공(妙珙)·대은(大恩)스님 등은 안타깝게도 은사를 따라 열반의 경지로 들었다. 이밖에 손상좌 일운(一耘)·진상(眞常)·상광(常光, 이상 묘엄스님 계열)·도성(道成)·도경(道敬)·성총(聖聰)·성학(聖學, 이상 묘전스님 계열)·지묵(묘희스님 계열)스님 등 후학 70여 명이 전국 각지에서 스님의 유지를 계승하고 있다.

밑없는 배에 한평생을 싣고서

노 선 경(盧禪敬)

1904년 5월 2일(음) 충북 청원군 남일면 신송리에서 출생.
1921년 마곡사 영은암에서
 명덕(明德)스님을 은사로 출가.(18세)
1932년 동산(東山)스님을 계사로 비구니계 수지.(29세)
1936년~1983년 수덕사 건성암·사불산 윤필암·금강산 보덕굴·
 동화사 부도암·범어사 대성암·천성산 내원사
 등지에서 안거수선.
1938년 사불산 윤필암에서 수선안거 중 깨침.(35세)
1942년 방한암(方漢岩)스님께
 담연당(湛然堂)이란 당호 받음.(39세)
1963년~1973년 내원사 입승 소임.(60세~70세)
1996년 1월 26일 세수 93세 법랍 75세로 입적.

밑없는 배에 한평생을 싣고서
—선경 스님

생사를 뛰어넘은 노 니승의 할(喝)

겨울날 자욱하게 덮인 흰 눈을 보라
백의관음(白衣觀音)은
온 누리를 하얗게 둘러 덮고
내원사 선원을 향하여
쉬지 않고 설법하는 그 묘법은
마치 냇물 흐르듯 한다
이 묘법은
육신으로는 설할 수 없고

들을 수도 없고

볼 수도 없으며

또한 허공으로

볼 수도 들을 수도 설할 수 없건만

능히 보고

능히 듣고

능히 설하는

이 묘한 놈이 무엇인고.

    선납자로서 그 본분사를 평생 잃지 않았던 한 노(老) 니승이 천성산 내원사 선원에서 던진 동안거 결제법어다. 1974년이었다. 고희(古稀)를 넘긴 노 니승의 육성법어는 그렇게 천성산을 휘감고 있었고, 대중의 장중한 침묵은 1천7백 공안(公案)[1]을 산산히 부숴버릴 듯한 전율을 쏟아대고 있었다.
    "이 묘한 놈이 무엇인고."
    노 니승의 할(喝)은 생사를 뛰어넘고 있었다.
    "끊임없이 죽여도 죽지 않는 소식, 이것이 진여자성(眞如自性) 자리이니 그 소식을 아는가."
    노 니승의 주장자(拄杖子) 일성(一聲)이 천성산 계곡을 타고 흘러내리매, 대중은 저마다 참구(參究)[2]의 안광(眼光)을 발하며 사유(思惟) 속으로 침잠해 들어갔다. 한 겨울날 백의관음으로 화현(化現)한 흰 눈이 내원사를 하얗게 둘러덮는 그 화두를 들고서…

마곡사 영은암. 선경스님은 18세가 되던 해인 1921년 이곳에서 육화문중의 제10세인 명덕선사를 은사로 출가, 비구니 선가종풍을 계승했다.

비구니 선가종풍을 계승하니

사바세계를 담아도 다 차지 않으면서 작기로는 작디작은 미진(微塵) 안에 다 들어간다는 '밑없는 배(無底船)'에 한평생을 싣고서 자성찾기를 멈추지 않았던 그 니승이 바로 담연당(湛然堂) 노선경(盧禪敬)스님이다.

스님은 한국불교 비구니계 대표문중의 하나인 육화문중(六和門中)의 제11세로서, 그 법맥을 잇는 유활문도회의 수장격이었다. 육화문중 제7세인 유활(有活)선사의 유덕(遺德)을 기리며 창문(昌文, 제8세)—인우(仁友, 제9세)—명덕(明德, 제10세)선사로 이어지는 비구니 선가종풍을 고스란히 계승한 스님은 그 가풍을 이어 청풍납자의 수범을 보이며 뭇 대중을 애호하였고, 제방의 비구니 납자들은 스님을 속세의 어머니같이 따랐다.

스님은 또 출가 이후 전국 각지의 선방을 돌며 가행정진의 행(行)을 놓지 않으면서도 당대의 비구선사들을 친견하며 깨침의 도(道)를 일렀고, 그때마다 전광석화(電光石火)같은 선문답으로 대중을 수희(隨喜)[3] 충만케 하였다.

어느날 효봉(曉峰)스님께서 경봉(鏡峰)스님이 보낸 꽃잎을 들어보이시니, 스님이 그 뜻을 알고 아뢰었다.
"꽃잎을 딸 적에 그르쳤습니다."
효봉스님이 고개를 끄덕이셨다.
"허공에 누각을 지었으니, 부처님을 어디에 모셔야 하겠느냐?"
침묵이 흘렀다. 찰나, 오직 스님만이 벌떡 일어나 효봉스님 앞으로 나아가 우뚝 섰다.
그러자, 효봉스님이 빙그레 웃으셨다.
동화사 부도암에서 만행을 하던 시절이었다.

내원사 입승시절에 하루는 향곡(香谷)스님이 절을 찾았다.
"중국 말이 죽을 먹었는데 한국 돼지의 배가 터졌다."
스님이 대답했다.
"아이고, 배야!"
향곡스님이 빙그레 웃으시더니, 밖으로 나갔다.

내원사에서의 입승시절 경봉스님을 모시고 기념촬영한 모습. 앞줄 가운데가 경봉스님, 왼쪽 옆은 당시 내원사 주지 안혜운스님이며, 맨 오른쪽이 선경스님, 바로 왼쪽 옆은 정행스님이다(1972년 10월).

또 하루는 경봉(鏡峰)스님이 대중의 자리에서 말씀하셨다.

"만(萬)문수가 나타났으니, 진(眞)문수를 찾아내거라."

스님이 대답 대신 앞에 나아가 세 번 절을 하니 경봉스님이 말씀하셨다.

"문수를 아직 못 보았구나."

스님은 죽비로 한 대 치고 싶었으나 죄송하여 다만,

"할!"

이라고 하니, 경봉스님이 빙그레 웃으시면서

"선경수좌가 보살심으로 정진을 잘 하는구먼."

하며 칭찬을 아끼지 않았다.

선경스님의 선의 경지를 알게 하는 일면들이다.

병고 속에서 발심하다

선경스님은 단기 4237년, 서기 1904년 음력 5월 2일 충북 청원군 남일면 신송리에서 부친 노(盧)씨와 모친 고(高)씨의 딸로 태어났다. 비록 집안은 가난했으나, 자애로운 부모님의 정을 느끼며 어린시절을 보냈다. 그러나 그것도 잠깐, 아홉 살 되던 해 어머니를 여의자 어린 나이에도 불구하고 애모(哀慕)의 정을 가눌 길이 없었다. 인생의 무상함을 느낀 것은 당연한 순리였다.

그렇게 삶의 업보(業報)를 보듬고 회의 속에서 생활해 가던 중 설상가상(雪上加霜)으로 죽음까지 각오하게 되는 병고(病苦)에 시달리게 되었다. 어느날 지친 삶을 포기하고 스스로 목숨을 끊고자 하였는데, 그 때 홀연히 허공에서 울림이 들려왔다.

"그대, 부처님 인연이 지중한데 어찌하여 스스로 명을 끊으려 하는가?"

순간, 스님은 소스라치는 자신을 발견했다. 문득 깨달음에 대한 의문이 목숨을 끊겠다는 자신의 생각을 거둬들였고, 이내 부처님 문중에 들기를 결심하기에 이른다. 변정각(便正覺)[4]에 다름 아닌 초발심(初發心)의 발로였다.

향곡혜림(香谷蕙林, 1912~1978)스님.
경봉·효봉스님 등과 함께 선경스님의 선 수행에
도움을 주었다. 선암사·불국사·동화사·선학원
등의 조실을 지낸 근세 고승 중의 한 분이다.

그 일이 있은 후 얼마되지 않아 스님은 마곡사 영은암을 찾았다. 여기서 비구니 명덕스님을 은사로 축발득도(祝髮得度)하니, 나이 꽃다운 열여덟이 되던 해인 1921년이었다. 이후 14년 동안 은사를 시봉하며 중(衆)이 되어가는 자신을 지켜보았다. 마곡사 본사에서 사미니계를 수지하고, 1932년 동산(東山)스님으로부터 구족계를 받은 때도 그즈음이었다.

서른다섯에 심안(心眼)이 열리고

마곡사를 떠나 비구니 선방이 있는 덕숭산 수덕사 견성암을 찾아나선 것은 1936년, 스님의 나이 서른세 살 때였다. 안거 한 철을 나는 중에 만공(滿空)스님 앞에 나아가 삼배의 예를 올리고 화두를 청했으나, 만공스님은 청천벽력같은 고함을 칠 뿐이었다.
"머리도 모르고 꼬리도 모르는 주제에 무슨 화두냐?"

스님의 가슴에 분심(忿心)이 맺혔고, 이는 사생결단으로 참선 공부를 전념하게 하는 인연으로 작용되었다. 견성암에서 한 철을 지낸 스님은 이후 은사의 안내를 받아 경북 문경의 사불산 윤필암을 찾았다. 청안(淸眼)스님이 뭇 납자들을 제접하고 있었다. 스님은 또 청안스님에게 나아가 예를 올린 후 화두를 여쭈었다. 청안스님이 이르시기를,

"만공선사께 얻지 못한 화두를 내가 왜 가르치겠느냐?"

며 버럭 소리를 질렀다.

스님은 더욱 분한 생각에 마음을 다지고서 먹고 자는 것조차 잊고 오로지 선참구에 매달렸다. 3·7일이 지나가도 성성적적(惺惺寂寂)[5]하여 수마(睡魔)[6]는 간데없고 오직 한 덩어리 의심뿐이었다.

선경스님이 35세 되던 해인 1938년 '한소식'을 얻은 수선안거처 사불산 윤필암의 사불선원.

얼마가 지났던가. 하루는 청안스님께서 큰방에 글을 써 붙였다.

'밑없는 철배(鐵船)를 타고 육지에 행하여도 걸림이 없음을 알아라.'

그 글을 보는 순간 스님은 마음속의 의심이 화롯불에 눈녹듯이 스러지고 마음이 홀연히 열리는 법열(法悅)을 느꼈다.

'밑없는 철배란 마음이다. 마음은 본래 걸림이 없으니, 육지를 간들 무슨 걸림이 있으랴'는 생각이 뇌리를 스치면서 '머리도 꼬리도 모른다'던 만공스님의 말씀이 확연히 깨우쳐 옴을 느끼게 된 것이었다.

스님은 생각했다.

"본래 마음에는 머리도 없고 꼬리도 없는 것, 그때 만약 만공스님이 곁에 있었다면 '둘러치기'를 하였을 것이다. 행여 만공스님을 둘러친들 그 또한 무슨 걸림이 있겠는가."

1938년, 스님의 나이 서른다섯이 되던 해였다. 인생이란 도무지 한자리의 꿈(一場春夢)이란 사실을 깨닫게 된 것이었다.

숙명통을 얻다

스님이 한소식을 얻자 청안스님께서 크게 놀라시더니, 해제

(解制)도 되기 전에 걸망을 둘러메고 수덕사로 넘어갔다. 견성암에는 도반(道伴) 본공(本空)·대영(大英)스님이 이미 선의 경지를 넘는 수행에 몰두하고 있었다. 청안스님으로부터 "선경이 한소식을 들었다"는 말을 듣자, 두 비구니는 견성암에서의 정진을 멈추고 윤필암을 찾아와 도(道)를 이룬 선경스님을 축하해 주었다.

뿐만이 아니었다. 윤필암에서 세 철을 나는 동안, 하루는 새벽에 큰방에서 정진을 하는데 전생의 일들이 영화의 필름처럼 눈앞을 아른거렸다. 숙명통(宿命通)이 열리고 있음이었다. 스님의 전생은 이러하였다.

속리산 법주사의 비구승으로서 형색과 인품이 뛰어난 수좌(首座)였으나, 계행을 지키지 못하였던 과보로 금생에는 키도 작고 얼굴도 못났으며, 가난한 집안에서 복락을 누리지 못하고 배움과도 인연없이 태어났는데, 그나마 불교와의 인연만은 남아 있어 비구니가 되었다는 것이었다. 부모님의 전생은 단월(檀越)[7]이었으며, 은사는 도반이었다.

숙명통이 열린 후 스님은 사람을 한 번만 보면 전생을 환히 알 수가 있었다. 그렇게 3년이 흐르자, 수덕사 만공스님으로부터 각기 아는 바를 적어 보내라는 친서가 윤필암에 도착했다. 스님이 "윤필바위를 말랑말랑하게 삶아서 선지식께 공양올리겠습니다"고 적어 보내니, 만공스님께서 "도인은 생돌을 좋아하느니라"는 답장을 보내왔다.

그후 돌이 말랑말랑하게 익어서 갖다 드려야겠다고 생각하고

선경스님 제자 중에는 외국인 승려도 다수 있었다.

있었는데, 어느날 꿈과 생시가 둘이 아닌 경지에서 만공스님을 친견하기에 이르렀다.

만공스님이 말했다.

"어서 일러라."

스님이 대답했다.

"본래는 머리도 꼬리도 없는 것을 있다고 하셨습니까?"

그 순간, 홀연히 공(空)하여 선사도 제자도 없는 경지가 나타나는 것이었다.

관음·문수보살을 친견하다

윤필암에서 견성의 도(道)를 깨우친 스님은 이후 금강산을 두루 참례하고 보덕굴(普德窟)에서 칠일기도를 올렸는데, 어느날 관세음보살이 나타나 이르시기를,

"그대 마음 가운데 관세음보살이 있는데 무엇을 그리 애를 쓰느냐."
고 하였다.

또, 낙산사를 찾아 홍련암에서 2·7일 기도를 올리는데 관세음보살이 나타나 일렀다.

"모든 관세음보살과 영산회상(靈山會上)이 그대 마음 가운데 있는데 무엇을 그리 애를 쓰는가? 선지식을 친견하고 탁마하고 정진이나 하여라."

기도를 마친 스님은 오대산 상원사로 향했다. 한암(漢岩)스님을 친견하고자 함이었다. 오대산 신선령 가까이 있는 마을 입구에 다다르니, 한 겨울이었는지라 눈이 쌓여 사방을 분간하기가 어려웠다. 그때 한 청년이 병을 흔들며 나타났다.

"스님, 어디까지 가십니까?"

"예, 상원사 한암스님 회상에 가는 길입니다."

"오늘은 이 동네에서 주무시고 내일 신선령을 넘으시지요."

청년의 말대로 그 마을에서 하룻밤을 지새고 다음날 신선령을 넘기 시작했다. 그러나 길이 눈에 덮여 방향을 찾을 수가 없었다. 걱정을 하고 있는데, 허공에서 말씀이 들려왔다.

"여보시오, 길을 조심하시오. 어제 사람이 한 명 지나갔는데, 길을 잘 살펴 그 발자국을 따라가시오."

그 말씀대로 길을 자세히 살피니, 발자국이 보였다. 상원사에 무사히 당도한 것은 그 덕분이었다. 한암스님이 반가이 맞으며 어떻게 왔느냐고 묻기에, 오는 길에 있었던 이야기를 그대로 아뢰니 한암스님께서 이르시기를,

"공부를 잘 하는 사람은 문수보살께서 길을 인도해 주느니라."

고 하였다.

문수보살을 친견한 사례는 또 있었다. 선방에서 용맹정진 화두를 놓지 않고 참구에만 열중하다보니, 밥맛을 잃고 기운이 쇠약해져 몸이 마르면서 노랗게 변해가던 때가 있었다. 그러던 어느날 문수동자가 놋그릇에 밥을 담아가지고 나타나더니,

"이 밥을 드시면 병도 낫고 기운도 날 것입니다."

고 하였다. 스님이,

"도대체 무슨 병에 걸렸느냐?"

고 물으니,

"예, 황달입니다."

하는 것이었다.

　스님은 병이 낫는다기에 그 밥을 먹고나니, 거짓말처럼 노랗던 몸이 다시 살색으로 변하고 입맛이 돌면서 기운도 다시 살아나는 것이었다.

　이 일이 있은 후 얼마 지나지 않아 꿈을 꾸게 되었다. 상원사를 오르는데 문간에서 물레방아가 돌고 있었다. 한 동자가 나와 반가이 맞으며,

　"제가 조실스님 방문을 열어드릴까요?"
하고 물었다. 이에 스님이

　"아니다. 나도 조실스님을 안다."

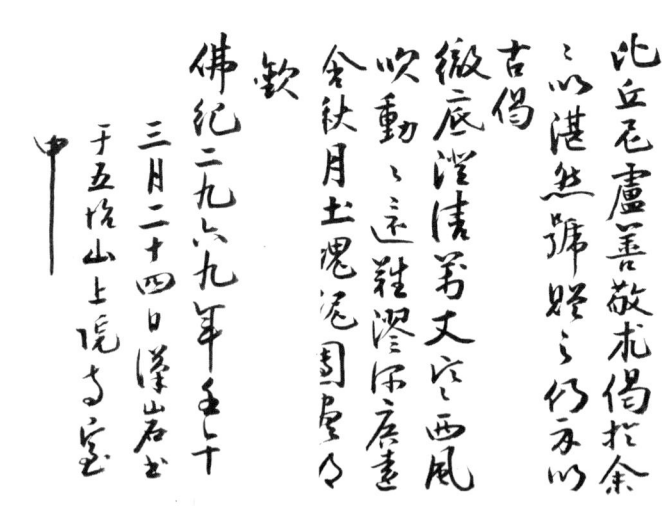

한암스님이 선경스님에게 '담연당'이라는 당호를 내린 전법게문(1942년).

고 이르고 방문을 열고 들어갔더니, 문수보살이 짚신을 삼고 있었다.

"왜, 잠긴 문을 열고 들어왔느냐?"

"저절로 열리던데요."

스님이 대답을 하고서 문수보살 앞에 삼아놓은 짚신 한 켤레를 신으면서,

"제 발에 꼭 맞는데요."

하니 문수보살이 이르시기를,

"하나가 맞으면 다 맞지. 윤필암에서 공부하던 이야기나 해보아라."

고 하였다. 스님이 모두 아뢰니 문수보살께서,

"화상(和尙)이 머무는 곳을 알겠네."

라고 하였다. 그 말이 떨어지자마자 스님이

"할!"

이라고 소리를 지르니, 문수보살께서 빙그레 웃었다.

스님의 할 소리에 꿈에서 깨어보니 스님 자신이 빙그레 웃고 있는 것이었다.

다시 견성암을 찾아

상원사에서 자신의 도를 점검하며 수행정진을 거듭한 스님은

1942년, 나이 39세에 이르러 한암스님으로부터 담연당(湛然堂)이란 당호를 받기에 이른다. 그후 다시 수덕사 견성암을 찾은 때가 나이 44세, 만공스님이 입적한 지 100일이 지난 1947년 2월이었다. 이때부터 견성암 별좌(別座)[8]를 살면서 만공스님의 3년상을 마쳤다.

3월 7일 만공스님의 생신기일을 지내고 별좌소임에서 물러날 생각을 갖고 있던 어느날 꿈을 꾸게 되었다. 목탁소리가 들리더니, 곧이어 만공스님의 목소리가 이어졌다.

"별좌, 들어오너라."

그 소리에 흠칫 놀란 스님이 장삼을 입고 방에 들어가니,

"별좌 자리를 내놓지 말고 3년 만 더 지내면 네 일을 모두 마치게 될 것이니라."

고 하는 것이었다. 스님이

"저는 더 이상 못하겠습니다."

고 아뢰니 만공스님이 이르시기를,

"할 수 없지. 애 많이 썼다."

고 하였다.

꿈을 꾸고 난 다음날 박고봉(朴古峰)스님께서 스님을 찾았다.

"별좌는 3년 만 더 살아라. 그러면 너는 모든 일을 마칠 것이다."

"도반들이 모두 소임을 놓았으니, 저 혼자서는 어렵습니다."

선경스님이 만년을 보내다가 열반에 든 충남 공주의 금강암.

　스님은 그렇게 견성암 별좌소임을 놓았다. 만공스님의 꿈을 두고 스님은 훗날 '3년 만 더 정진하라는 경책이 아니었겠는가'라고 회고했다.

　그런 일이 있은 후 큰방에서 정진을 하는데, 갑자기 벼락이 내리쳐 불덩어리와 스님이 한 덩어리가 되는 기분을 느꼈다. 이에 스님이,

　"나는 해탈하였네."

라며 큰 소리를 치면서 밖으로 뛰어나가니, 대중들이 놀라 스님을 쳐다보았다.

　또 하루는 임신한 일도 없는데 아기가 뱃 속에서 우는 기이한 현상이 스님의 몸을 사로잡았다. 부끄러운 생각이 들어 손으로 뱃 속의 아기를 끄집어 내어 터뜨리니, 환한 광명이 비추었다.

내원사서 납자를 제접하다

　스님의 만행은 예서 멈추지 않았다. 견성암에서 3년간 별좌소임을 살고난 후 동화사 부도암과 범어사 대성암 등 전국의 선방에서 10여 년 간 수선안거를 마치고, 동국제일선원인 천성산 내원사 입승(立繩)으로 부임했다. 그때가 1963년, 나이 예순 살이었다. 도반인 본공스님의 뒤를 이은 소임이었다. 이때부터 1973년까지 10년간 입승직을 수행하며 제방 납자들의 수행의 정도를 가늠해 주었다. 내원사는 스님께서 자신의 도의 경지를 드날렸던 곳이며, 또한 그것을 제방의 납자들에게 고스란히 전한 곳이기도 하다.

　입승직을 내놓은 후에도 후학 니승들의 길 안내는 물론 스스로의 수행을 점검해 가던 중, 1977년 섣달 무렵 향곡스님께서 내원사를 찾아 비구니 대중에게 일렀다.

　"만문수가 여기 나타났으니, 진문수를 찾아내라."

　스님이 장삼을 입고 향곡스님께 아뢰었다.

　"만문수, 진문수, 삼세제불, 역대조사, 천하의 모든 노화상(老和尚)이 다 내 콧구멍에서 나왔습니다."

　"콧구멍이 어디 있는고?"

　"본래 콧구멍은 없지만 어디라고 말할 수 없어서 그렇게 나왔습니다."

내원사 입구에 모셔져 있는 선경스님 부도.

"참 공부도 많이 하고 애도 많이 썼습니다. 이제 그만 놀으시고 젊은이들 탁마나 해 주시오."

선덕(禪德)은 삼세를 뛰어넘고

1년 후 향곡스님은 열반에 들었고, 내원사에서 10여 년 간 더 납자의 본분사를 지탱했던 스님은 1980년대 말 노구를 이끌고 경기도 평택의 명법사로 거처를 옮겼다. 명법사에서 6년을 지낸 스님은 입적하기 몇해 전에 충남 공주의 금강암으로 자리를 옮기더니, 1996년 1월 26일(음력 12월 7일) 홀연히 사바(娑婆)의 인연을 거두었다. 세수 93세요, 법랍 75세였다. 문도들이 뜻을 기려 부도를 세우니, 현재 내원사 입구에 사적비와 나란히 서 있는 탑이 그것이다.

　스님의 육신은 비록 피안을 접하였어도 그 선덕(禪德)은 제방의 후학들 가슴에 면면히 남아 있으며, 특히 유활문도회의 정신적 지주로서 오늘날 한국불교 비구니 세계(世系)의 한 축을 형성케 하고 있다. 다섯 상좌 중 셋째(정훈 正訓)와 넷째(명기 明機), 그리고 다섯째(도강 度江) 상좌가 현재 열반지 금강암과 선방에서 은사의 선지(禪智)[9]를 따르고 있다. 안타깝게도 맏상좌 법연(法演)스님과 둘째 상좌 만수(晩水)스님은 은사의 적정열반(寂靜涅槃)의 도정(道程)에 함께 한 지 오래다. 손상좌로는 화일(和一, 법연스님계)·진원(眞圓)·남산(南山)·서산(西山, 입적)·동초(東草, 이상 만수스님계)스님 등이 있다.

무위(無爲)의 삶 살다간 인욕보살

이 대 영(李大英)

1903년 7월 16일(음)   경기도 수원 근교에서 출생.
1921년   설악산 신흥사 말사에서 전태주(田太柱)스님을
  은사로 출가. 직후 마곡사로 옮겨 수행함.(19세)
1922년   수덕사 견성암에서
  만공(滿空)스님을 계사로 구족계 수지.(20세)
1937년~   금강산 법기암·묘향산·오대산·설악산·
  태백산·지리산 등 명산대찰 수행처에서
  20여 년 간 수선안거.
1940년대 초   한암(方漢岩)스님께 '무위(無爲)'란 법호와
  만공스님께 주장자 전수받음.
1985년 1월 27일(음)   세수 83세 법랍 64세로 입적.

무위(無爲)의 삶 살다간 인욕보살
―대영 스님

　1900년대 초는 그야말로 혼돈의 시대였다. 1876년 강화도조약에 따라 부산이 개항되자 일본은 이듬해부터 정토진종·임제종·일련종·정토종·조동종·진언종 등 일본불교의 대표적인 6개 종파를 앞세워 180여 개소의 사원과 포교소를 조선 땅에 개설하기에 이른다.

　이는 조선을 식민통치하기 위한 일본의 정치적 침략을 옹호하는 종교적 침략이라는 점에서 사상적 문제점을 드러낸 사건이다. 1623년부터 시행되어 왔던 승려의 입성금지조치를 1895년에 일본이 앞장서 해제한 것도 조선 승려들로 하여금 일본에 대해 깊은 호감을 갖도록 하자는 포석이었다.

일본의 이러한 종교적 침략은 1899년부터 본격화되었다. 그해 일본은 원흥사를 세워 국내 수사찰(首寺刹), 다시말해 조선불교의 총교무소로 삼고 13도에 각각 하나씩의 수사찰을 두어 전국 사찰의 사무를 총괄케 하였다.

1903년에는 궁내부 소속의 관리소를 원흥사에 두어 전국 사찰에 대한 사무일체를 맡아보도록 하는 등 조선불교의 왜색화를 꾀하기 시작했다. 급기야 1910년 8월 29일 치욕의 한일합방이 이뤄지고, 1911년 6월 3일에 일제의 '사찰령'이 제정·공포되면서 조선불교는 급속도로 일제 총독부에 종속되는 수모를 당하기에 이른다.

혼돈의 시대를 안고서

그랬다.

당시의 조선불교 상황은 나라의 그것과 다를 바 없는 급박한 지경에 휩싸이고 있었다. 그런 시대적 아픔을 아는지 모르는지 경기도 수원성 근처 산골마을에 자손이 없어 늘 근심과 회한 속에서 살고 있는 연안 이(李)씨 성(姓)의 한 농부 부부가 있었다. 그들은 비록 가난했지만 농사절기에는 논에 나가고 틈이 나는대로 산에 올라가 나무하는 무위자연(無爲自然)[1]의 삶을 살아가던 평범한 농부였다.

하루는 이 농부가 나무하러 산에 올라갔다가 목이 없는 돌부처상을 발견했다. 왠지 그냥 지나치기에 이 농부의 마음이 편치가 않았다. 그래서 지게를 내려놓고 주변을 샅샅이 살핀 끝에 떨어져 나간 돌부처의 머리부분을 찾아 맞춰놓고 그 앞에서 자손을 있게 해달라고 빌었다.

돌부처의 감응을 받았음인지 정말 믿기지 않는 일이 일어났다. 부인에게서 산기(産氣)가 돌기 시작한 것이 바로 그 직후였기 때문이다. 10개월 후 계집아이를 출산하니, 1903년 음력 7월 16일이었다.

그런데 이상했다. 농부가 돌부처상의 머리 부분을 바로 맞추지 못하고 비스듬히 올려 놓았는데, 갓 태어난 아이의 머리도 약간 비스듬하게 기울어 있었던 것이다.

사실이 그랬다. 이 여아는 성장하면서도 항상 머리가 한쪽으로 약간 기우는 습(習)을 버리지 못했고, 훗날 출가하고서도 그 습은 그대로 남아 있었다.

아무튼 농부 부부는 이 아이를 계순(桂順)이라 이름하고 돌부처께서 점지하였다 하여 귀히 여겼다. 그래서 그런지 계순이는 자라면서 항상 산이 좋고 그립다고 버릇처럼 되뇌였고, 급기야 1921년, 나이 19세에 이르더니 설악산 신흥사의 한 말사로 출가해 버렸다. 계순이는 여기서 일생 동안 자신의 수행을 돕는 은사 전태주(田太柱)스님을 만난다.

마곡사. 대영스님은 출가 직후 은사 태주스님을 따라 수행처를 이곳으로 옮겼다.

돌부처가 점지한 아이

그 분이 바로 무위(無爲)[2] 이대영(李大英)스님이다.

혼돈의 현실 속에서 무위자연의 이치를 깨치며 출생과 출가의 연(緣)을 맺은 스님은 입산 직후 은사 태주스님을 따라 마곡사로 수행처를 옮겨 본격적인 구도의 도정에 올랐다. 다시 이듬해인 1922년 수덕사 견성암으로 거처를 옮긴 후 만공(滿空)스님을 계사로 구족계를 수지하니, 인욕을 녹이는 구법자로서의 행장을 바로 가다듬는 기연(機緣)을 만난 것이었다. 나이 20세 때였다.

스님은 이때부터 후원소임을 보면서 예불과 참회수행에 조금도 게으름이 없었으며, 대중생활에서도 수범을 보였다. 그렇게 견성암에서 15년여 간 인욕수행을 마친 스님은 1937년 세납 35세

때부터 금강산 신계사 법기암을 비롯하여 묘향산·오대산·설악산·태백산·지리산 등지의 명산대찰 수행처를 찾아 운수행각(雲水行脚)을 하며 타성일편(打成一片)³⁾을 도모하니, 여법하게 벽(壁)을 대하고 있는 모습이 적적한 산수간의 청산(靑山)처럼 청청하였다.

그렇듯 출가 이후 구법(求法)의 열정을 놓지 않았던 스님은 그 와중에서도 수덕사 견성암과 서울 청룡사에서 각각 10년간씩 입승(立繩)의 소임을 보며 후학을 키우는데 게을리 하지 않았다. 스님은 후학들에게 "근기에 따라 참선을 하라, 기도하고 참회하라"고 하는 등 수순자비(隨順慈悲)⁴⁾를 베풀어 공부의 진면목을 깨우쳐 주기도 하였다.

한암스님께 당호를 받아지니고

스님은 출가한 후 노모의 병환 때문에 딱 한 번 고향에 들렀을 뿐, 일생 동안 친척의 왕래를 끊고 오로지 구법의 의지를 불태웠다. 후학들에게도 일체의 세속인연을 말하지 않았으니, 세연을 자세히 알 길이 없다. 그렇게 세속과의 단절을 통해 도를 구하는 데 여념을 보이지 않았던 스님의 철저한 구도행은 당시 전국의 납자들에게 본보기가 되었다.

이를 알게 된 오대산 방한암(方漢岩)스님께서 하루는 스님을

불러 이르시기를,

"불(佛)이란 깨달음이니 마음을 보고 마음인 줄 깨달은 것이 불이며, 그 마음을 깨닫지 못하고 미(迷)한 것은 중생이다. 모든 유위법(有爲法)[5]은 몽환(夢幻)과 같음이요, 깨닫는 법은 무위(無爲)에 있다."

고 칭찬하시고 당호(堂號)를 내려주셨다.

'무위(無爲)'가 바로 그것이다.

당호와 함께 내려준 한암스님의 게송은 스님의 구도자적 삶을 잘 나타내 준다. 후학들은 이 때를 1940년대 초로 기억한다. 그러나 안타깝게도 이 전법게는 소실되었고, 단지 후학들의 구전(口傳)에 의해 전해올 뿐이다. 그 게송을 옮기면 다음과 같다.

무상열반은 만물에 통하나니
세간중을 여의지 아니했더라.
저 분별하는 곳에 분별상이 없으며
길고 짧고 푸르고 누른 것이 고가풍을 떨치노라.
無上涅槃萬物通　不離分別世間中 (무상열반만물통 불리분별세간중)
於分別處無分想　長短靑黃扇古風 (어분별처무분상 장단청황선고풍)

스님의 평상심시도(平常心是道)[6]의 실천적 구도행은 한암스님과 더불어 당대의 한국불교계를 갈무리했던 만공스님한테도 인가

만공스님이 인가의 징표로 대영 스님에게 내린 주장자. 현재 맏손상좌 경산스님이 주지로 있는 부산 덕운사에 봉안되어 있다.

를 받기에 이른다. 그 징표로 만공스님은 주장자를 내렸고, 그 주장자는 현재 맏손상좌 경산스님이 주지로 있는 부산 덕운사에 전해온다.

분별심을 내지 마라

인연의 고리는 그렇게 이어졌다.

일본 침략기에 혼란의 현실을 아는 듯 모르는 듯, 세월이 가는 듯 오는 듯 무위자적하게 자연을 벗삼아 삶을 풍미했던 부모

사이에서 돌부처의 점지를 받고 태어났던 스님은 당대의 선승 한암스님께 '무위'라는 당호를 받고, 만공스님께는 사자상승(師資相承)의 징표를 나타내는 주장자를 받기에 이른 것이다.

그래서 그랬던가. 스님은 일생 동안 어떠한 어려움과 불편함에도 상(相)을 내는 일없이 묵묵하게 구법만을 갈구하며 살았으니, '정진·인욕보살'이 따로 없었다.

스님을 일러 '인욕보살'로 칭하는 일화가 전해온다. 맏상좌 정원(正源, 양산 관음정사 주지)스님과 둘째 상좌 쾌성(快性, 대구 염화사 주지)스님 등 후학들의 전언에 따르면 가히 스님의 보살같은 수행심을 엿보게 한다.

스님의 효성은 하늘을 뚫을 정도로 지극정성이었다. 같이 동거하는 노(老)스님을 모시는데 속가부모를 모시기보다 더하였다. 세납이 연로하여 함께 거하던 뒷방의 노스님 세 분의 병바라지를 하기 10여 년, 눈내리고 비오는 날 태산준령을 넘어 탁발(托鉢)로 시봉하면서도 한 번도 진심(瞋心)을 내는 일없이 병간호와 수행을 둘로 가르지 않았다는 일화다. 인욕하는 마음이 없었던들 결코 쉬운 일이 아니었다.

그렇게 일생을 불립문자 교외별전(不立文字教外別傳)[7]의 본분 가풍을 끌어안고 불철주야 정진에만 힘쓰며 무위의 삶을 살아온 대영스님. 그러나 스님은 자신의 세연이 다했음을 알았는지 1985년 음력 정월 27일 몸을 깨끗이 씻은 후 저녁공양을 마치고서 대중을 불러 모았다.

평상시에 그래왔던 것처럼 스님은 대중에게 "분별심을 내지 말라"는 요지의 법문을 한 후 "나 오늘 일찍 잘련다" 하시며 방에 드니, 그 길이 적정열반(寂靜涅槃)[8]의 길이었음을 대중 어느 누구도 알지 못했다. 세납 83세요, 법랍 64세였다.

열반 때 방광 이적 보여

스님이 만년에 주석한 사찰은 경남 양산시 웅상읍에 위치한

1982년 10월 15일 범어사에서 봉행된 조계종 제2회 구족계 및 제3회 사미(니)수계 산림법회에 비구니로서는 최초로 증명법사로 참가했다. 원안이 대영스님이다.

경남 양산시 웅상읍에 소재한 관음정사. 대영스님은 이곳에서 만년을 보내다가 입적했다.

조그만 암자, 관음정사(용암사)였다. 입적할 당시의 상황을 만상좌 정원스님의 전언을 빌면 가히 보살의 화신, 그것이었다.

스님은 출가 이후 열반할 때까지 한 번도 새벽예불을 거른 적이 없었다. 입적 다음날 아침에도 대중은 당연히 스님께서 예불에 참석할 것으로 생각했으나, 웬일인지 스님은 법당에 나타나지 않았다. 전날밤 같이 잠자리에 들었던 손상좌 혜어스님(열반)이 예불을 하던 중에 노스님께 문안을 올리려고 방 앞에 다다르니, 주무시던 방이 불을 켜놓은 것처럼 환했다. 분명 아침에 기상하여 방문을 나설 때 불을 껐던지라 혜어스님은 당연히 노스님께서 불을 켜고 참선에 든 것으로 생각했다. 예불을 마친 후 다시 노스님을 찾으니, 이번에는 불이 꺼져 있었다. 이상히 여겨 방에 들어가 스님을 불렀으나, 기척이 없었다. 당연할 수밖에 없었다. 이미 열반에 들어 있었기 때문이다.

그렇다면 예불시간 내내 방이 환하게 켜져 있었던 것은 어떻게 설명할 수 있을까. 정원스님은 그것을 '방광(放光)'이라고 설명해 주었다. 그렇게 스님은 가는 듯 오는 듯 소리없이 세속의 인연을 마감했던 것이다.

인욕과 정진보살의 화현에 다름아니었던 스님의 유지는 지금도 후학들의 면면 속에 그대로 이어져 오고 있다. 정원(正源)·쾌성(快性)·탄성(呑性)·정덕(正德)스님 등이 대표적인 제자들이다. 손상좌 경산(景山)·재연(在淵, 이상 정원스님계)·행원(行源)·행심(行深)·행훈(行熏)·행이(行邇)·행오(行吾)·행우(行佑)·행범(行梵, 이상 쾌성스님계)·지천(智泉, 탄성스님계)스님 등이 납자로서의 본분을 계승하고 있다.

한 모양 찾아 나선 무소유인

안 광 호(安光毫)

1915년	경북 청도군 운문면 서지동에서 출생.
1923년	운문사 청신암에서 혜원(慧圓)스님을 은사로 출가.(9세)
1931년	은사 혜원(慧圓)스님을 계사로 사미니계 수지.(17세)
1935년	통도사 서해담(徐海曇)스님을 계사로 구족계 수지.(21세)
1944년	통도사 고경(古鏡)회상에서 대교과 수료.(30세)
1944년~1956년	천성산 내원사 · 수덕사 견성암 · 범어사 대성암 · 삼각산 승가사 · 송광사 감로암 등 제방선원에서 수선안거.
1956년	조계산 선암사 · 계룡산 동학사 등 주지 역임.(42세)
1981년	미국 순회 포교.(67세)
1983년	조계종 전국비구니 금강계단 존증(尊證)아사리 역임.(69세)
1985년	조계종 전국비구니회 고문 역임.(71세)
1989년 1월 8일	세수 75세 법랍 66세로 입적.

한 모양 찾아 나선 무소유인
―광호 스님

낙락장송 그 아래에 참선하는 저 스님아
앉은 제는 몇 해이며 선 제는 몇 해런가
앉거나 서거나 내 알 바가 아니로되
천지개벽 그 이전에 한 모양은 무엇인가.

비구니 안광호(安光毫)스님이 남긴 열반송이다.

조계종 전국비구니회 고문이요, 비구니 금강계단의 초대 존증(尊證)아사리[1]로서 비구니계의 큰 별로 알려져 있는 스님은 한평생을 오로지 용맹정진으로 후학들에게 모범을 보였으며, 무주상보시의 참 실천행을 보여주었던 인물이다.

운문사 청신암. 광호스님이 아홉 살 때 혜원스님을 은사로 출가한 곳이다.

　　오늘날 지계제일(持戒第一)의 율사(律師)로 이름난 일타(日陀) 스님은 광호스님의 입적 후 영결식에 즈음하여,

　　금강산 제일봉에 높고 높은 고암상에
　　송락쓰고 홀로 앉은 청풍납자 되고 싶네
　　사바세계 모든 일이 무엇이 견고한가
　　이 몸도 내 아니니 참 나는 누구인가.

라는 게송으로 그의 행장을 정리하고 있다.

한 모양은 무엇인가

광호스님은 1915년 경북 청도군 운문면 서지동에서 부친 안익서(安益瑞)와 모친 영천 이(李)씨 사이에서 태어났다. 전생의 불교와의 인연이 현세로 이어졌음인지 어린시절부터 오신채(五辛菜)가 든 음식은 입에 대지도 않았을 뿐만 아니라, 메뚜기나 미꾸라지 등을 잡는 동네 아이들을 보면 기겁을 하고 말리기도 하였다.

고경법전(古鏡法典, 1883~1946)스님. 해방 이후 통도사 제1대 주지를 역임한 대강백이요, 율사요, 대법사인 고경스님은 광호스님의 공부에 큰 영향을 끼쳤다.

그렇듯 천부적으로 남다른 성품을 간직한 스님은 아홉 살이 되던 해인 1923년 어머니를 따라 호거산 운문사 청신암을 찾게 되었다. 여기서 한 행자승의 삭발하는 모습을 지켜본 후 자신도 머리를 깎겠다며 출가의 뜻을 비췄다. 어린 나이에도 불구하고 당당하게 비구니 승보로서 행보를 걷게 된 스님의 출가동기다.

그후 1931년, 스님의 나이 17세 되던 해 비구니 혜원(慧圓)스님을 은계사로 사미니계를 수지하였고, 21세 때 통도사 서해담(徐海曇)율사를 계사로 대소승계를 받아 지녔다.

비구승 못지 않은 용모와 기개로 일거수 일투족에 조금도 흐트러짐이 없었던 스님은 어린 나이에 출가하여 청소년기를 맞이

조계산 선암사. 조계종 승단정화가 이뤄지자 1956년 비구니로서는 최초로 이 절의 주지로 광호스님이 임명됐다. 그러나 선암사는 오늘날까지 조계종과 태고종간의 대표적인 분규사찰로 남아 있다. 현재는 태고총림으로서 태고종 총무원이 자리잡고 있다.

하면서도 독경과 송주(誦呪)[3]에 추호의 게으름을 피우지 않았으며, 대중을 모시고 은사를 섬김에 한 치의 소홀함을 보이지 않았다. 제방의 대중으로부터 칭송의 대상이 되었음은 두말할 나위가 없었다.

 웃을 때에도 이를 드러내는 일이 없었으며, 길을 걸을 때에도 옆을 돌아보는 일이 없을 정도로 몸가짐이 중후했는가 하면 홍법신심(弘法信心)은 더욱 견고해져 갔다. 그 결과 은사와 종단의 큰스님들로부터 인품을 인정받은 스님은 23세 때 불찰대본산 통도사 윤고경(尹古鏡) 대강백 회하에 들어가 7년간에 걸쳐 공부에 전념했다. 나이 30세 되던 해인 1944년 불교전문강원 대교과를 우수한 성적으로 수료한 후 출가본사인 운문사로 다시 돌아오니, 운문사에 이력종장(履歷宗匠) 대비구니 법사가 출현하였다 하여 온 대중이 경축해 주었다.

도재심오 부재언어(道在心悟不在言語)[4]

대비구니 법사로서 그 이력을 마쳤으나, 스님은 여기에 만족하지 않았다. 그 길로 '도재심오 부재언어(道在心悟 不在言語)'라며 선각자를 따라 참선행각의 길을 떠났다. 금강산에 들어가 만공(滿空)스님을 친견하고 오대산의 방한암(方漢岩)스님을 참례하였다. 설악산·묘향산 등 천하 명산대찰을 두루 찾아 선지식을 배알하면서 공부에 채찍질을 늦추지 아니했다. 천성산 내원사·수덕사 견성암·범어사 대성암·삼각산 승가사·송광사 감로암 등 제방의 선원에서 정진에 힘쓰는 등 스님의 철저한 수선안거는 수

1956년 불교정화 이후 전국 비구니계의 추천으로 조계산 선암사 주지로 부임받은 후 당시 전남 종무원장이었던 구산스님(모자쓴 분)을 모시고 상좌들과 함께 기념촬영을 했다. 구산스님 왼쪽이 광호스님.

행자의 표상, 그 자체였다.

입적하는 그날까지도 예불을 거르는 일이 없었으며, 어느 대중 속에 가더라도 철저한 계행을 몸소 지녀 모든 규칙을 존중했다. 성품이 대범하면서도 천진난만하였고 일체의 물욕이 없었으며, 인정이 많아 없는 이를 보면 입은 옷까지도 벗어줄 정도로 '소유'라는 것을 몰랐다.

1956년, 이른바 조계종의 승단정화운동이 발생한 이후부터는 전국비구니계의 추천으로 조계산 선암사와 계룡산 동학사의 주지로 부임을 받기도 하였다. 동학사 강당을 복원하여 승가교육기관으로서 오늘날 지대한 영향을 끼치고 있는 비구니 전문강원의 모태를 태동시켰던 때가 바로 이때다. 이처럼 자신의 수행만큼이나

계룡산 동학사. 동학사 승가대학이 오늘날 대표적인 비구니 전문강원으로 기반을 다지게 된 것은 광호스님의 도제양성 원력에서 비롯되었다.

후학들의 행장에 관심을 보였던 스님의 도제양성(徒弟養成) 의지는 곧바로 덕행으로 이어져 흠모하지 않는 이가 없었다.

백세청풍 납자본분 지켜

스님의 청풍납자(淸風衲子)의 삶은 생전에 즐겨 불렀다는 게송에 잘 드러나 있다. 소유집착을 놓고 발심수행에만 전념했던 스님의 정신이 그대로 배여있는 듯하다.

빈 손으로 왔다가 빈 손으로 가는 인생
더욱이 꿈 속 인생, 꿈 속에 꿈인 것을
욕심도 적게 하고 성을 내지 맙시다
허허 한 번 웃고 나서 한마음 돌이키면
모두가 공(空)인 것을 집착할 게 무엇이며
걸릴 것이 무엇이랴
생사가 사대(事大)하고 무상이 쾌속하니
어서 어서 발심하여 마음공부합시다
보불은덕(報佛恩德)합시다.

스님이 보여주었던 백세청풍(百世淸風)의 수행력과 덕망은 세월이 흐를수록 더욱 가득해졌다. 이같은 덕망은 널리 미국에까지

광호스님이 만년을 보냈던 부산 보덕사 대웅전.

알려져 1981년에는 미국 교민신도들의 초청으로 미국 전역을 순회하며 포교활동을 펼치기도 하였다.

또한 스님의 당당한 승상(僧相)은 1983년에 비구니 금강계단의 존증(尊證)아사리, 1985년에 조계종 전국비구니회 고문으로 추대되는 등 비구니계의 거목으로 우뚝서는 버팀목으로 자리잡기에 이른다.

그렇게 청풍납자의 본분을 다하며 비구니계를 선도했던 스님은 1989년 1월 8일, 음력으로 섣달 초하루에 이르러 "천하 제방총림에서 납팔용맹정진하는 날이니 우리도 공부하자"며 함박 웃음을 짓더니, 열반게송을 읊은 후 홀연히 입적에 들었다. 세수 75세요, 법랍 66세였다.

일생동안 고고한 수행자의 진면목을 잃지 않았던 대비구니 광호스님의 육신은 비록 사바(娑婆)의 연(緣)을 접었으나, 그 얼은 오늘도 면면히 빛을 발하고 있다. 부산 보덕사 주지인 맏상좌 법인(法印)스님을 비롯하여 법희(法藍, 열반)·법능(法能)·능인(能忍, 열반)·법공(法空)·진우(眞佑)·법영(法暎)·보은(報恩)·법열(法悅)·법운(法雲)·묘현(妙玄)·보관(普觀)스님 등의 상좌들이 비구니의 본분을 뿌리내리며 니승의 위상을 지켜가고 있다. 손상좌로는 경북 김천 청암사 주지이자 강주인 지형(志炯)스님을 비롯해 지훈·상경·지명·현경(이상 법인스님계)·상운(법희스님계)·상용(법능스님계)·상진·상일·지연(이상 능인스님계)·진성(법공스님계)·지은(진우스님계)·선득(보은스님계)·선웅(법열스님계)스님 등이 대표적인 수좌들이다.

주경야선(晝耕夜禪)의 방울대사

김 응 민(金應旼)

1923년 9월 10일	충남 공주군 유구면 동대리에서 출생.
1937년 2월 15일	금강산 신계사 법기암에서 대원(大願)스님을 은사로, 혜암(惠庵)스님을 계사로 득도·수계. (15세)
1941년	덕숭산 수덕사 만공(滿空)스님 회상에 들어감. (19세)
1946년~1966년	20여 년 동안 대승사 윤필암·김룡사·봉암사 등 전국 선원서 수선안거.
1966년	자운(慈雲)스님을 계사로 구족계 수지. (44세)
1966년~1984년	비구니총림원 수덕사 견성암에서 비구니납자 제접.
1984년 12월 18일	세수 62세 법랍 47세로 입적.

주경야선(晝耕夜禪)의 방울대사
―응민 스님

한없는 겁수(劫數)를 빈 배처럼 왔다가
건곤(乾坤)의 힘 빌리지 않고 빈 배처럼 떠났네
중생을 제도하여 빈 배를 채움이여
이렇게 왔다가 이렇게 떠나노라.

1984년 납월 20일 덕숭산 수덕사.

평생을 누더기 한 벌로 여여(如如)히 살다가 몸소 '생(生)과 사(死)가 둘이 아니다'는 열반의 묘상을 보여주고 이승을 마감한 당대의 비구니 수좌 응민(應旻)스님의 다비식이 봉행되던 그날이다. 아직은 동안거 결제철이라 스산한 바람이 냉기를 품고 있었다.

진눈깨비가 부슬부슬 다비도량을 적시던 그즈음, 대중의 눈을 의심케 하는 기운이 허공을 수놓았다. 스님의 육신을 실은 화관(華棺)[1]을 중심으로 무수한 빛줄기가 시방을 환하게 비추는 것이었으니, 생사일여(生死一如)의 진리당체가 한 비구니 수좌의 무여열반(無餘涅槃) 앞에 그 모습을 드러내고 있음이었다.

빈 배처럼 왔다가 그렇게 가노라

생과 사가 둘이 아니요, 가고 옴이 둘이 아님을 여실히 보여주며 피안의 길로 접어들었던 비구니 수좌 응민스님은 한반도를 강점한 일제의 독기가 치성하던 1923년 9월 10일, 충남 공주군 유구면 동대리 운천마을에서 부친 연안 김(金)씨 봉수(奉洙)와 모친 김해 김(金)씨 사이의 장녀로 태어났다. 속명은 경희(敬喜)였다. 2남 2녀 중 맏이로 태어난지라 어려서부터 부지런하고 깔끔한 성품이 매사에 스님의 손길이 닿지 않는 곳이 없었다.

남달리 학문의 열정을 불살랐던 스님은 공주사범학교를 졸업한 후 일본유학을 꿈꾸었으나, '타국에 여자 혼자 보낼 수 없다'는 어머니의 완강한 만류에 좌절의 고비를 감내해야만 했다. 더욱이 시집을 보내기 위한 혼수준비가 이뤄지고 있음을 알고 나서는 어떻게든 공부를 할 수 있는 방법을 찾아야 한다는 신념이 스

혜암현문(惠庵玄門, 1885~1985)스님. 덕숭총림 초대 방장을 역임한 대덕. 응민 스님의 출가를 인도했다.

님의 뇌리를 가득 메웠다.

스님은 문득 이미 출가의 길을 걷고 있던 외할아버지를 찾아가 방법을 묻기에 이른다. 외할아버지의 대답은 간단했다.

"그야 스님이 되면 되지."

외할아버지의 그 한 마디에 스님은 그날로 집을 나섰다. 그렇게 가출을 시도한 스님은 막상 어디로 가야 할지 막막했다. 천만다행으로 수덕사의 혜암(惠庵)스님을 만나게 되었고, 혜암스님은 응민수좌를 보자 내심 법기(法器)임을 알아차리고 금강산 신계사(神溪寺)의 부속암자인 법기암(法起庵)으로 안내했다. 수덕사 덕숭총림 방장을 역임하다가 1985년에 세수 101세로 입적한 혜암스님은 당시 법기암에서 동진승들에게 어산(魚山)[2]을 가르치고 있던 터였다.

금강산 신계사 법기암은 비구니 수좌들의 수행도량이었다. 수행처로서 수범을 보여온 바, 한국불교 비구니계 대표 문중의 하나인 '법기문중(法起門中)'의 본산이 된 곳이다.

타오르는 구도열정

혜암스님에 의해 법기암으로 인도된 스님은 예서 비구니 대원(大願)스님을 은사로, 혜암스님을 계사로 득도·수계하니, 세납 15세가 되던 해인 1937년 2월 15일이었다. 출가구도의 법연(法緣)을 맺은 후 스님의 구도열정은 마치 활화산과 같았다. 스님의 타오르는 초발심의 구법의지는 출가 후 속가로 보낸 편지에서 그 일면을 엿볼 수 있다.

한 생각에 검은 머리 한 다발 끊는 일 아까울 것 없나이다. 이 세상 모든 것 다 버릴 것인데, 구할 것 많은 복잡한 세상으로부터 오늘 벗어나 부처님의 세계에서 법의 꽃을 피우는 일은 진실로 그 가치가 무한합니다. 자타일시 성불도(自他一時 成佛道).

사미계를 수지한 지 1년, 법기암에서 수행의 정도를 가늠하며 구도자로서 법열(法悅)을 호지해 가던 중 스님은 일대사(一大事)의 인연을 접하게 된다. 법기암 큰방에 봉안돼 있던 한 노승(老僧)의 사진을 보던 중 문득 솟구치는 의문을 품게 된 것이었다. 그러나 사미니 수좌로서 사진 속의 선승을 함부로 알고자 하는 것도 쉬운 일이 아니었다. 때가 되면 그 사진의 주인공이 누구인지 알아보겠다는 내심을 간직해 오던 중 마침 법기암에 들른 혜암스님에게 그 의문을 물었다.

"저 분이 누구입니까?"

"그 분은 바로 덕숭산 수덕사 조실로 계시는 만공(滿空) 큰스님이시다. 한국 선불교의 중흥조이신 경허스님의 법제자로서, 한국 선불교의 큰 어른이시니라."

스님은 찰나 '아차' 싶었다. 스님이 태어난 공주는 수덕사와 그리 멀지 않은 곳이었고, 가까운 거리에 당대의 한 획을 그은 선지식이 있었다는 사실에 멀리 금강산에서 법을 찾는 행각이 허송

문경 봉암사의 선방인 희양산 태고선원. 응민스님은 윤필암·김룡사·봉암사 등지를 찾아 공부의 정도를 점검했다.

(虛送)으로 다가왔다. 어떻게든 수덕사로 가야 한다는 충동이 마음을 재촉했다. 그렇다고 은사에게 말씀드려도 통하지가 않을 것 같았다. 그러나 그러한 염려와 망덕함도 스님의 구법의지를 꺾을 수는 없었다.

다시, 이 무슨 물건인고?

마침내 1941년, 나이 19세가 되던 해에 스님은 작심(作心)을 하기에 이른다. 수덕사로 가기 위한 험로에 뛰어든 것은 당연한 일이었다. 법기암 수좌들이 찾아나설 것을 염려해 '길없는 길'을 택했다. 걸망만을 챙긴 채 첩첩산중을 통해 걷고 또 걸었다. 호랑이는 물론 맹수들이 들끓었던 당시의 금강산이었다. 비구니, 아니 여자가 홀홀단신 깊은 산중을 헤맨다는 것은 감히 상상하기 어려운 상황이었음은 두 말할 필요가 없었다. 그러나 그러한 형상의 마군(魔軍)은 스님의 불타오르는 구도의 길 앞에 감히 범접할 수 없는 듯 싶었다.

스님이 수덕사에 당도한 것은 그로부터 보름 후였다. 나무가시에 온 몸이 상처투성이었다. 그러나 몸을 바로 세워 만공스님을 친견했다. 일대사 인연이 닿는 순간이었다.

"나를 찾아온 선재동자가 아닌가."

만공스님이 응민수좌를 제접하며 던진 할(喝)이었다. 법기(法

器)가 법기를 알아봄이었다.

이때부터 스님은 만공스님으로부터 직접 공부를 지도받았다. 만공스님 또한 어느 수좌를 대하는 것보다 각별했다. 법담(法談)이 오고 갔다. 막힘이 없었다. 어느날 만공스님이 경허스님의 임종게를 화두로 삼아 대중에게 질문을 던졌다.

마음달이 외로이 둥글어 그 빛이 만상을 삼켜서
빛과 경계를 함께 잊으니 다시 이 무슨 물건인고?
心月孤圓 光呑萬像(심월고원 광탄만상)
光境俱忘 復是何物(광경구망 복시하물)

침묵이 흘렀다. 이때 스님이 일어나 대답했다.
"빛이 비추는 바가 없으면 경계 또한 있는 바가 없습니다. 마치 거울로 거울을 비추는 것과 같아서 상(相) 가운데는 불(佛)이 없습니다."
만공스님이 일렀다.
"그래, 그거야. 응민수좌가 공부를 열심히 하는구먼."
만공스님은 스님을 일러 정진제일 수좌라며 칭찬을 아끼지 않았다. 그래서 만공스님이 지어준 별칭이 있다. '방울대사'다. 크지 않은 키에 비구선사들의 구도행각 못지 않는 스님의 구도열정과 법의 그릇이 된다는 뜻에서 붙여진 이름이었다.

동산혜일(東山慧日, 1890~1965)스님.
조계종 정화운동을 주도한 후 1958년 종정을 역임했다. 응민스님의 수행의 정도를 점검해 주는 등 영향력을 끼쳤다.

일가족이 출가하다

이를 계기로 스님은 또한 번의 기연(機緣)을 접한다. 스님의 구도행각이 속세에 알려지면서 부모님을 비롯한 일가족이 모두 출가의 길을 걷게 된 것이다.

부친은 만공스님의 막내 상좌인 법진(法眞)스님이며, 모친은 묘리법희스님을 은사로 성호(性浩)라는 법명을 수지했다. 바로 아래의 남동생은 만공스님의 손상좌인 도오(道悟)스님이며, 둘째 남동생이 바로 일타(日陀)스님이다. 일타스님은 당시 승려였던 막내 외삼촌의 인도로 통도사에서 고경(古鏡)스님을 은사로 출가했다. 비구니 대영스님의 둘째 상좌인 쾌성(快性)스님이 막내 여동생이다. 그뿐만이 아니다. 스님의 친가·외가를 통틀어 48명이 출가의 연을 맺은 불가(佛家)였다는 사실이다. 참으로 기연이 아닐 수 없었다.

이를 두고 훗날 스님의 상좌 묘견(妙見)스님은 "은사스님의 고향선산 앞은 문필봉이었으며, 큰스님이 장삼을 입고 병풍처럼 선산을 감싸는 듯한 풍수지리가 이러한 기연을 가져다 준 듯 싶다"며 "온 가족들이 팔상록(八相錄)을 돌려본 후 조용히 출가의 길로 접어들었다"고 설명했다.

스님의 법연에 힘입어 속가가 불가를 이뤄가던 즈음, 만공스님이 입적했다. 스님의 나이 24세 되던 해인 1946년의 일이다. 이때부터 스님은 말 그대로 걸망수좌가 되어 구도행각을 떠나게 된다. 사불산 윤필암·김룡사·봉암사 등지를 찾아 공부의 정도를 점검했다. 이때 만난 비구선사들이 성철(性撤)·향곡(香谷)·효봉(曉峰)·동산(東山)·청담(靑潭)·자운(慈雲)스님 등 당대의 걸출한 수좌들이었다.

견성의 도(道)를 가르치다

운수납자가 된 스님의 행각이 순조로운 것만은 아니었다. 때로는 상기(上氣, 열병)가 일었으며, 비마(悲魔)와 희마(喜魔)[3] 등이 겹쳐 공부가 산산이 부서지는 고행을 감내해야 하는 경우도 있었다.

그렇게 운수행각을 하기 20여 년, 스님은 백척간두 진일보(百尺竿頭 進一步)의 구도심으로 좌절을 뛰어넘고서 수덕사 견성암에

자운(慈雲, 1911~1992)스님.
응민스님의 구족계 스승이 된 자운스님은 사분율(四分律)에 의한 250개 조문을 모아 계목을 작성하는 등 당대의 지계제일 율사로서 전통적인 불가의 모습을 되찾는데 기여했다.

안착하기에 이른다. 자운스님으로부터 구족계를 수지하게 된 때가 이즈음이다. 1966년 스님의 나이 44세 때였다.

혜암스님으로부터 탁마의 정도를 가늠받으며 구도열정 뒤에 숨은 인지상정(人之常情)의 도를 나타내 보인 것도 이때부터이며, 제방의 비구니 수좌들을 제접하며 견성의 도를 가르치기에 이른 것도 이로부터다.

당시 혜암스님은 스님을 일러 "법이 뛰어나다"며 "비구가 되었으면 그 법기가 사바(娑婆)를 감명케 하였을 터인데, 참으로 비구니가 된 것이 안타깝다"고 할 정도였다.

입적하기까지 견성암에서 머무는 동안 절을 찾은 대중이 전하는 일화는 스님의 납자생활이 어떠했는가를 여실히 보여준다. "한 손엔 호미를 들고, 또 한 손엔 빗자루를 멀리하지 않는 스님을 보고서 절에서 가장 지위가 낮은 줄 알았다"는 것이다. 스님은 이렇듯 상(相)을 내는 바 없이 주경야선(晝耕夜禪)[4]의 수범을 보였다.

뿐만 아니라 평소 '먹는 것과 입는 것을 초월하였다'고 자평할 정도로 스스로 누더기 옷을 즐겨 입었으며, 부처님오신날 연등 작업을 마친 후 남은 풀을 버리지 않고 풀떡을 만들어 먹을 정도로 무소유(無所有)의 삶을 살았다. 수좌들이 견성공부를 게을리하면 엄한 경책도 잊지 않았다. "자성공부를 하되 인생무상임을 알아야 한다. 무상한 곳에서 공적영지(空寂靈知)[5]를 체험할 수 있으며, 조사스님들의 차별법문(差別法門)[6]을 살필 줄 알아야 평등지(平等智)[7]를 구할 수 있다"는 스님의 구법지론(求法之論)은 많은 수좌들에게 지혜의 문이 되어 주었다.

동곡일타(東谷日陀, 1929~1999)스님.
1942년 통도사에서 고경스님을 은사로 출가한 스님은 조계종 지계제일의 율사로서 전계대화상을 역임했다. 응민스님의 속가 동생이다.

거(去), 사바세계

그렇듯 비구니 선맥을 전승하며 후학들을 제접하던 어느날, 도량을 거닐던 스님은 "거(去), 사바세계"를 되뇌였다. 그후 얼마

지나지 않은 1984년 동안거 결제 중이던 12월 18일 아침, 몸을 깨끗이 씻고서 옷을 갈아 입은 후 그 자리에서 홀연히 열반에 드니, 세수 62세요 법랍 47세였다. 입적하던 그날까지 납자의 본분을 잃지 않았던 스님은 육신을 버리는 그날을 알기라도 했는 듯 생사가 둘이 아님을 몸소 보이시며 그렇게 적정열반(寂靜涅槃)의 길로 접어들었던 것이다.

'스승을 보면 제자를 알 수 있다'는 고언처럼 스님의 법맥을 이은 제자들도 한결같이 선방수좌로서의 본분사를 호지하며 지금도 각지에서 납자의 도리를 다하고 있다. 서울 봉천동 길상선원 주지인 맏상좌 묘행(妙行)스님을 비롯하여 묘성(妙性)·묘안(妙岸)·묘현(妙現)·묘적(妙寂)·묘웅(妙雄)·묘견(妙見)·묘일(妙一)·은성(恩成)·묘진(妙眞)·정은(靜隱)·관우(觀愚)·동명(東明)·지현(智顯)스님 등 14명의 제자들이 오늘도 전국 각지에서 은사의 유지를 계승하고 있다. 손상좌로는 정위(精偉, 묘행스님 계열)·태윤(太允)·현유(玄有)·장윤(壯允, 이상 묘성스님 계열)·영문(令門, 묘안스님 계열)·대용(大用, 묘현스님 계열)·동진(童眞, 묘적스님 계열)·자현(묘웅스님 계열)·불원·성진(이상 묘견스님 계열) 스님 등이 대표적인 수좌들이다. 스님의 철저한 구도열정과 오롯한 수행가풍, 고매한 인격과 후덕한 인품이 한국 비구니계의 표상이 되어 후학들의 가슴속에 면면히 이어져 오고 있음이다.

제3부
빛나는 가르침을 전하며

법시(法施)의 곳간

정 금 룡(鄭金龍)

1892년 6월 15일   전북 전주시 효자동에서 출생.
1909년   경북 청도 호거산 운문사서
                신선덕스님을 은사로 출가.(18세)
1911년   해인사서 사바스님을 계사로 사미니계 수지.(20세)
1922년   구하스님에게 입실하여
                월광(月光)이란 당호 받음.(31세)
1922년~1953년   30여 년 간 비구니 법사로서 법문행각.
1958년   건당제자 광우(光雨)스님에게 가사와 대단주 등
                법장(法藏) 전함.(67세)
1965년 1월 19일   세납 74세 법랍 56세로 입적.

법시(法施)의 곳간
―금룡 스님

　니승(尼僧)을 증명법사로 모시고 비구니 구족계를 수계할 수 있는 승가(僧伽)의 체계를 갖추고 있는 곳은 세계불교 속에서 한국불교계가 유일하다. 스리랑카나 태국 등 남방불교권에서는 지금도 상좌부불교의 전통에 따라 사미니는 반드시 비구를 은사로 모셔야 하는 엄격함이 남아 있다는 사실에 비추어, 이는 분명 한국 승가를 반분(半分)하는 비구니 수행자로서의 그 법맥(法脈)이 생생히 살아 숨쉬고 있다는 반증이다.
　이러한 한국 승가의 체계는 근대 이후 비구승 못지 않는 구도의 열정을 불사르며 선맥(禪脈)을 일으키고 법맥을 계승해 온 노(老) 니승들의 가행정진(加行精進)의 수행력이 현대 한국불교사의 한 축으로 형성되어 왔음을 보여주는 좋은 본보기라 할 수 있다. 묻혀 있는 근세 니승들의 행장을 발굴·정리하여 후손들에게 남겨야 하는 당위성이 여기에 있으며, 그것은 방편설법(方便說法)[1]을 통한 부처님의 '무언(無言)의 가르침'을 실천하는 길이기도 하다.

일제시대 치욕의 세월을 일생의 화두(話頭)로 끌어안은 채 지극히 엄격한 수행자세와 진정한 자아(自我)를 각인시키며 한국불교사에 비구니 법맥을 이어온 한 니승의 행장은, 그래서 더없는 감화를 불러 일으킨다.

이·사(理事) 겸비한 비구니 대강백

월광(月光) 정금룡(鄭金龍)스님.

그는 일생 동안 수많은 대중을 제접하면서 법을 설한 근대 이후 최초의 비구니 법사로 알려진 인물이다. 생전의 스님을 모셨던 후학들은 강백(講伯)이면서 이·사(理事)를 겸비한 덕망 높은 스님으로 지금도 높이 추앙하고 있다.

한국 비구니계 3대 강백이요 3대 법사(금룡·혜옥·수옥) 중의 한 분인 금룡(金光이라고도 함)스님의 세속출신지는 전라북도 전주이다. 1892년 6월 15일 부친 동래 정(鄭)씨 원명과 모친 인동 장

호거산 운문사. 금룡스님은 이곳에서 신선덕스님을 은사로 출가한 후 초대 주지를 역임했다.

(張)씨 성우 사이의 2남 3녀 중 위로 오라버니 둘을 두고서 맏딸로 태어났다.

스님의 속가는 5남매 중 4남매가 출가할 정도로 불심돈독한 집안이었다. 유일한 비구니 종단인 대한불교 보문종의 총림격인 전라북도 전주 정혜사(완산선원)의 정영명(鄭永明)·정명주(鄭明珠) 스님이 바로 속가 자매들이다. 특히 부친은 불교경전을 손수 베껴쓰는 신심깊은 불제자였으며, 만공(滿空)스님과 법담을 나눌 정도로 불교에 일가견을 가진 인물로 전한다.

그렇듯 어릴 적부터 불교환경에서 자란 스님은 18세 되던 해인 1909년에 호거산 운문사 신선덕스님을 은사로 축발·득도하기에 이른다. 2년 후 해인사에서 사바스님을 계사로 '금룡'이라는

구하천보(九河天輔, 1872~1965)스님.
동국대 전신인 명진학교를 세워 교감과 교장을 역임한 근세 고승. 금룡스님에게 '월광'이란 당호를 내렸다.

법명과 함께 사미니계를 수지하니, 최초 비구니 법사로서의 행로를 정함이었다. 그 후 통도사에서 해암스님께 일대시교(一代時敎)[2]를 마치게 된다.

구하스님께 입실

스님은 평소 "신심없는 수행자는 무기없는 군인과 같다. 따라서 부처님의 진리를 알려면 남보다 부지런히 정진하는 길밖에 없다"며 용맹정진 공부에만 전념했다. 그 결과 31세가 되던 1922년에 '월광(月光)'이라는 당호를 받고 구하(九河)스님에게 입실(入室)하기에 이른다. 이 또한 비구니가 비구에게 최초로 입실한 사례라 하겠다. 그러나 아쉽게도 입실게는 소실되어 전하지 않는다.

구하스님에게 입실한 이후부터 우매한 중생의 무명을 씻어 주고자 험한 산길 천 리 뱃길도 마다하지 않고서 몸소 법문행각에 나선 스님은 운문사 초대주지를 비롯하여 서울 개운사·부산 소림사 등 제방에 주석하면서 선교겸전(禪敎兼全) 수행에 힘쓰는 한편 대중애호에도 노고를 아끼지 않았다.

목마른 사람에게 청량수가 되어주기 위한 스님의 불타오르는 설법포교 행각은 끊임이 없었다. 비구니가 법상(法床)에 오르는 것조차 인정하지 않았던 당시 불교계의 정서에도 불구하고 1년 평균 석 달 간씩 법화경이나 화엄경 산림을 연 것 등은 스님의 그 같은 구도열정이 어떠했는가를 보여준 좋은 사례라 할 수 있다. 이 또한 비구니로서 대강백의 긍지를 드날린 일대사가 아닐 수 없었다.

운문사 주지로 재직하고 있을 때에는 통도사 강주 오혜륜스님을 모시고 강당을 개설하니, 스님의 강설을 통한 포교의지는 마치 금강(金剛)과도 같았다. 특히 개운사에 주석하는 동안에는 당시 왜색불교를 청산하고자 분연히 일어섰던 불교정화운동에 참여하여 스님들을 직접 격려하는 등 몸소 정법의 실천행을 보여주기도 하였다.

서울 안암동 개운사. 중앙승가대가 자리잡고 있는 이곳에서 금룡스님은 강백의 기풍을 드날리는 한편 조계종 정화운동에 참여하기도 하였다.

금룡스님이 만년에 주석했던 전주 정혜사 전경. 비구니 종단인 보문종의 총림격으로, 종정을 역임한 속가 자매 정명주·정영명 스님도 이곳에서 주석하다가 입적했다. 사진 오른쪽에 보이는 것은 영명스님의 부도탑이다.

불보살을 감탄시키다

"항상 계행(戒行)을 스승으로 삼아 만법도생(萬法度生)[3]하는데 조금도 게을리해서는 안 된다."

스님은 평소에 후학들을 이같이 경책하는 한편 자신도 아침예불 전에 일어나 좌선(坐禪)과 간경(看經)[4]으로 하루일과를 시작했다. 그렇게 빈틈없는 수행에 전념하면서 무명중생에게 감로법우(甘露法雨)[5]의 역할을 다한 스님이었기에, 그의 설법포교 행각에 얽힌 이야기는 후세인의 귀감이 되어 지금도 회자되고 있을 정도다.

부산 소림사에서 10여 년 간의 화엄산림을 마친 후 《열반경》을 설하던 어느날이다.

호남지역의 대표적인 비구니 선원인 정혜사 완산선원. 금룡·영명·명주스님과 현재 보문종 총무원장 혜일스님 등 제방의 비구니 납자들이 안거수선해 오고 있는 선방이다.

    법석이 한창 무르익어 호흡조차 멎을 듯할 때였다. 중생제도의 원력으로 강설삼매(講說三昧)에 들어간 스님의 얼굴이 투명하게 빛을 발하더니 더없는 청정안(淸淨眼)으로 변하는 기이한 현상이 대중을 사로잡았다. 주위가 차츰 밝아지면서 은은한 빛이 점점 선명해지는가 싶더니, 서서히 화관(花冠)을 쓰신 관음보살상이 나타나 스님의 자리를 한참이나 비추시는 것이었다. 대중이 환희심에 충만하여 깊은 법열감(法悅感)을 느낀 것은 당연한 일이었다.

    하루는 또 직장인을 위하여 저녁설법을 하던 중의 일화이다.

    스님이 올라 앉은 법상을 구심점으로 방광(放光)[6]이 대중을 환희 속으로 몰아넣는 기적이 나타났다. 하루 해가 서산으로 넘어간 후인 지라 햇빛에 목마른 땅거미만이 여명의 동틈을 기다리던 그런 밤이었다. 그때 그리 멀지 않은 곳에서 주위를 살펴보던 한 소방서의 당직 소방관의 시선이 방광이 나타난 사찰 현장을 목격하기에 이르렀다. 이 소방관은 곧바로 사이렌을 울렸고, 소방서는 비상사태에 들어갔다. 소방차가 급히 법회장소로 달려온 것은 순식간의 일이었다. 화재사고로 오인한 당직 소방관이 부랴부랴 소방차의 출동을 명한 것이었다. 참으로 스님의 도(道)의 경지를 한 마디로 가늠하는 웃지 못할 사건으로 후학들은 당시를 회고한다.

스님의 법석을 휘어감는 방광의 실례는 이후에도 몇 차례 더 있었다. 가히 스님의 전법수행의 정도가 어느 정도였는가를 알려주는 좋은 예라 하겠다. 스님은 그렇듯 비구니 대강백의 긍지를 드날리며 강설을 통해 수많은 납자와 대중을 눈뜨게 하였다. 특히 제자들에게는 대학에 진학하여 현대 학문을 배우라고 권장하는 등 일찍부터 승가교육개혁의 기치를 내세웠던 인물로 알려져 있다.

비구니 법맥 물꼬트다

스님은 62세까지 3시간 이상을 눕지도 않고 오후불식(午後不食)하는 등 출가인의 본분사를 그대로 실천한 진정한 수행자였다. 자기의 소유물이 없을 정도로 모든 것을 제자와 신도들에게 물려주고서 오로지 수행과 전법도생에 일생을 바친 삶이었다.

일찍이 비구니도 법맥을 이을 수 있음을 강조하면서 한국 비구니계의 한 맥을 형성했던 스님은 67세 되던 해인 1958년에 평소 아끼던 후학 광우(光雨)스님에게 가사와 대단주 등의 법장(法藏)[7]을 전하니, 최초로 비구니가 비구니에게 건당(建幢)[8]한 실례로 기록되고 있다.

그후 고향에 자리잡은 전주 정혜사에서 만년을 보내다가 1965년 1월 19일 홀연히 열반에 드니, 세수 74세요 법랍 56세였다. 다비식을 마친 자리에는 수정알 같은 사리 3과가 나왔다. 이 사리는 제자들에 의해 열반지 정혜사에 세워진 부도탑에 봉안되어 있다.

'말법시대에는 나의 옷을 빌려 입고 나의 법을 파는 자가 있을 것'이라는 부처님의 예언을 오늘날 우리는 절감하고 있다. 출가승의 본분을 망각하고 정법을 교란하는 비불자들이 난무하고 있는 현실 속에서 오로지 부처님의 가르침만을 홍포하는 데 한평생을 바쳤던 금룡스님은 그렇게 불자의 사명감을 부여안고 후일

정혜사에 봉안되어 있는 금룡스님 부도.

을 기약하면서 자타(自他)의 시비가 끊어진 자리로 홀홀히 떠난 것이었다.

　스님의 큰 뜻을 이어받은 제자들은 오늘도 전국 각지에서 불법실천에 앞장서고 있다. 보문종 전 종정 천일조(千日照)스님을 비롯하여 도정·해운·법상·영춘·성열(이상 열반함)스님 등이 그 유지를 따랐으며, 현재 벽운·정일·도경·형을스님과 건당제자 광우스님 등이 그 법맥을 이어오고 있다.

걸어다니는 대장경

박 혜 옥(朴慧玉)

1901년 1월 18일 경북 금릉군 대덕면 추양리에서 출생.
1903년   해인사 삼선암에 동진출가. (3세)
1914년   해인사 삼선암에서 문오(文悟)스님을 은사로
                 사미니계 수지. (14세)
1929년 4월   해인사에서 용성(龍城)스님을 계사로
                 구족계 수지. (29세)
1947년   대구 실달사 주지 부임. (47세)
1956년   김천 청암사 주지 부임. (56세)
1968년   김천 대휴사 주석. (68세)
1969년 5월 26일 세수 69세 법랍 66세로 입적.

걸어다니는 대장경
— 혜옥 스님

사바(娑婆)에 드날린 전법의지

근대 이후 한국불교사에서 '대강백(大講伯)'의 칭호를 받으며 비구니 교육의 선도적 입장을 견지한 인물로 후학들은 금룡(金龍)·혜옥(慧玉)·수옥(守玉)스님을 손꼽는다. 그러나 지금은 그 강백들의 기백을 볼 수 있는 자리는 어디에도 없다. 모두 가시고 오직 그 자리를 메우고 있는 것은 빈 자리, 남은 것은 아무 것도 없기 때문이다.

다행히 그 뜻을 이어받은 수많은 후학들이 오늘도 세 분의 스님을 귀감삼아 비구니 위상은 물론 한국불교 중흥에 한 몫을 다

대운병택(大雲丙澤, 1868~1936) 스님.
김천 청암사에서 대강백으로 활약한 근세 고승. 혜옥스님의 강백으로서의 자질을 알고 설단을 마련해 주기도 하였다.

해오고 있으니, 삼세(三世)가 하나요 가고 옴이 둘이 아님을 예서 깨칠 수 있다. 비록 육신은 갔어도 그 정신은 길이 남아 혼돈과 갈등이 난무하는 이 어지러운 세상에 큰 빛이 되어 지금도 우리를 일깨워 주고 있음이다.

정암당(晶岩堂) 박혜옥(朴慧玉)스님.

비구니계 3대 강백의 한 분으로 일생을 포교와 강설로써 중생교화에 앞장서 일찍부터 불교계에 전법의지를 드날렸던 니승(尼僧)이다.

스님은 1901년 1월 18일 경북 금릉군 대덕면 추양리에서 부친 밀양 박(朴)씨 동재와 모친 김혜순 사이의 세 자매 중 둘째 딸로 태어났다. 스님의 나이 세 살 때 부친께서 돌아가시자 모친이 직접 해인사 삼선암으로 데려간 것이 계기가 되어 이때부터 출가자로서의 행보를 걷게 되었다.

동자승으로 밀양 심상소학교를 마친 스님은 1914년에 삼선암에서 문오(文悟)스님을 은사로 사미니계를 수지하니, 나이 14세였다. 이후 〈초발심자경문〉과 〈구시화문(口是禍門)〉을 교훈삼아 김천 청암사 극락전에서 사미과를 수료하였는데, 이미 이때부터 스님은 강백으로서의 자질을 보이고 있었다.

스님은 그러나 여기서 멈추지 않고 해인사 국일암에서 사집과를 수료하고, 법주사 수정암에서 대교과를 마치는 등 배움의 열정을 놓지 않았다. 물자가 귀한 시대였던 만큼 풍족한 여건 속에서 배움의 장을 마련하지 못하자, 칡잎이나 모래 위에 글을 써가며 공부에 대한 의욕을 불태웠다. 독경할 때는 목소리가 너무도 낭랑하여 독경소리만으로도 온 도량이 극락세계에 온양 환희심으로 충만했다.

15세 때 자경문 첫 강설

그렇게 공부에 열중하던 어느날 청암사에 원인모를 불이 났다. 당시 주지 김대운(金大雲)화상은 청암사를 중창한다는 취지로 스님에게 법문을 청하게 되었다. 스님은 아직 배움이 미흡하다며 사양의 뜻을 비추었으나, 청암사 대중의 간곡한 청으로 법상에 올랐다. 1915년, 나이 불과 15세 때의 일이다. 사부대중이 모인

용성진종(龍城震鍾, 1864~1940)스님.
3·1독립운동 때 민족대표 33인 중 한 분으로 대각운동을 펼쳤던 큰스님. 혜옥스님에게 구족계와 '정암당'이란 당호를 내렸다.

자리에서 당당하게도 법상에 올라 〈초발심자경문〉을 강설하니, 대중들이 크게 감명받고 스님께 큰 절을 올렸다.

이때부터 스님은 비구니로서 큰스님 대접을 받았다. 지금도 불교계는 '비구니팔경계법(比丘尼八警戒法)[1]"을 들어 니승이 법상에 오르거나 주장자를 드는 것조차 용납이 안 될 정도로 비구 율사들 사이에서는 논란이 되고 있는 바,
비구니로서는 감히 상상하기도 어려운 당시의 일면이었다.

이후 나이 29세 때인 1929년 4월에 해인사에서 용성(龍城)스님을 계사로 구족계를 수지하고 '정암당(晶岩堂)'이란 당호를 받았다. 모름지기 출가자로서의 구비조건을 완비하게 된 시기가 이때다. 밀양 표충사에서 수선안거 3하(夏)를 성만하는 등 강백이면서

선수행 정진에 모범적인 표상이 된 것도 이즈음이다.

특히 스님은 무주상보시(無住相布施)[2]의 실천에 남다른 모습을 보여주었다. 객승이든 신도든 찾아오면 가리지 않고 갖고 있던 것을 나눠주어 시봉자는 의복을 마련하는데 잠도 제대로 못잘 정도로 곤욕을 치루었다.

어느 해는 부처님오신날 행사를 마치고 나니 쌀 한 가마 살 돈밖에 남지 않아 대중이 걱정을 하자, "재물을 쌓아놓고 살면 탐욕이 생기니 기도나 열심히 하라"며 일의일발(一衣一鉢)[3] 납자의 본분사를 그대로 보여준 경우도 있었다. 결국 그해에는 양식이 부족해 발우를 들고 탁발을 나갈 수밖에 없었다.

뿐만이 아니었다.

대체적으로 후학들에게 귀감이 되고 있는 수행자들이 그렇듯이 스님도 납자의 본분을 수지하며 선교겸전(禪敎兼全)은 물론 제반 불사 등에도 소홀함이 없는 역량을 발휘했다. 청암사 백련암에 주석할 때 단청불사를 원만히 회향하였고, 1936년 청암사가 수해로 큰 피해를 당했을 때에는 사찰복구와 석탑을 세우기 위한 대중의 결집을 이끌어내기도 하였다.

1947년부터는 대구불교부인연합회의 호청에 의해 실달사를 맡아 운영하면서 일주문쪽으로는 유치원을 개설하고, 후문쪽으로는 강당을 신축하여 강설을 통한 포교에 일대 혁신을 불러 일으켰다. 이때 개원한 유치원은 그후 7회까지 졸업생을 배출했으며, 재정난에 부딪치자 이를 매각하여 대구시 중리동에 양로원을 개설하고 노인복지에 힘을 쏟기도 하였다.

설법 중 세 차례 방광

제자리에 앉아서가 아니라 스스로 곳곳을 찾아다니며 전법행각으로 일생을 보냈던 스님은 부처님의 '길'에서의 전도행각을 본분사로 삼아 언제 어느 곳에서라도 부처님의 말씀을 전하는 일이라면 주저하지 않았다.

주석하던 사찰로 학생들이 수학여행을 오면 삼귀의(三歸依)라도 알고 가라며 그 자리에서 법문을 설했으며, 혹시나 신도들이 잡담을 하는 모습을 보면 크게 호통을 치며 "부처를 찾아라"고 경책했다.

또한 '삼일수심 천재보 백년탐물 일조진(三日修心千載寶 百年貪物一朝塵)[4]'이라는 자경문의 경구를 애송하면서 제자들에게 용기를 북돋아 주었으며, '제행무상 시생멸법 생멸멸이 적멸위락(諸行無常 是生滅法 生滅滅已 寂滅爲樂)[5]'이라는 무상게(無常偈)를 교훈삼아 스스로는 가행정진하였고, 후학들에게는 독려하는 것을 잊지 않았다.

평소에도 새벽 3시에 일어나 예경을 마치면 어김없이 〈보현행원품〉을 독경하는 일이 일과가 되다시피 하였고, 일요일에는 김천포교당과 교도소·양로원 등을 두루 찾아다니며 법문을 설하는 등 전법활동에 조금도 틈을 주지 않았다.

> 사람마다 한 권의 경전이 있는데
> 그것은 종이나 활자로 된 게 아니다
> 펼쳐 보아도 한 글자 없지만
> 항상 환한 빛을 발하고 있네.
> 我有一卷經 不因紙墨成(아유일권경 불인지묵성)
> 展開無一字 常放大光明(전개무일자 상방대광명)

경북 김천 청암사 대웅전. 혜옥스님은 이곳에서 15세 때 〈자경문〉을 강설하였고, 1956년에는 주지로 부임했다.

스님이 대구 실달사에 머물던 때이다.

지장기도회를 조직해 일주일씩 법문을 하게 된 어느 한여름 날, 법을 설하는 스님이나 이를 듣는 대중 모두가 일심동체가 되어 환희심으로 충만해지던 즈음 하나의 기적이 발생했다. 스님이 법문에 들어가면서 앞에 제시한 '아유일권경 불인지묵성 전개무일자 상방대광명'이라는 게송을 읊자마자 세 차례나 방광(放光)이 일었고, 폭염의 더위마저 극락정토로 변해가는 이적(異跡)에 대중의 환호가 하늘을 찌를 듯 하였다.

또, 마야부인회 주최로 금룡·수옥스님과 함께 서울 개운사에서 법화산림을 설시할 때의 일화는 비구니계에서 지금도 회자되고 있다. 비구니 3대 강백이 한 자리에서 너무나 유창하고 진실한 법문을 통해 대중에게 크나큰 발심을 불러일으켰던 당시의 산림법회를 후학들은 비구니 설단(說壇)의 전형으로 간직하고 있다. 이때 마야부인회는 법회를 회향하는 자리에서 세 스님들에게 은으로 만든 법륜마크(가사고리)를 증정했다.

1956년 청암사 주지로 부임한 이후에도 김천 수도사(지금은 폐사찰임)와 대구 부인사 경산포교당 등지에서 강설의 의지를 멈추지 않았으며, 다시 청암사 백련암에서 정진수행한 후 입적(入寂)한 해 전인 1968년에 김천 대휴사로 거처를 옮겼다.

혜옥스님이 만년에 주석했던 김천 대휴사 대웅전.

'중생교화' 유언 남겨

맏상좌 인완스님은 몸이 불편한 가운데서도 가행정진의 열정을 버리지 않았던 은사스님을 자주 회고한다. 가신 지 오래인 지금도 자신의 수행에 은사의 한평생 삶이 나침반 역할을 톡톡히 해주고 있기 때문이다. 전생의 업보인지 평소 건강이 좋지 않았음에도 불구하고 관음보살 주력으로 병마를 이겨내며 한국불교 비구니계의 선지식으로 우뚝 선 은사스님이 한없이 부럽기도 한 까닭이기도 하다.

미인은 박복하고 나라의 큰 재목은 단명한다고 했던가. 좀더 오랜 시간 사바세계에 남아 반목과 질시 그리고 고통에서 헤매이는 중생들을 제도해야 했던 혜옥스님은 평소 신명을 다 바쳤던

'중생교화'라는 큰 원력을 유언으로 남긴 채, 1969년 5월 26일 새벽 3시 사바(娑婆)에서의 행보를 마감했다. 세수 69세요, 법랍 66세였다.

한 시대의 대강백답게 고고한 송학의 자태처럼, 흐르는 강물의 끈기처럼 꾸준히 이어왔던 스님의 법설(法說)은 비구·비구니나 청신사·청신녀들의 가슴속을 막론하고 삼천리 강산에 두루했으니, 오늘날까지도 그 명성이 후학들의 가슴을 울리고 있다.

스님의 유지를 받들어 각지에서 전법의지를 고양시키고 있는 제자로서 대휴사 주지인 맏상좌 인완(仁完)스님과 막내 상좌 정봉(正奉)스님이 있다. 지금은 입적한 둘째 상좌 정헌(正憲)스님도 생전에 경산포교당에서 포교활동에 열중했다고 전한다. 손상좌 제철(齊哲, 인완스님계)·도영(道永, 정헌스님계)·명효(明曉)·명준(明俊)·성훈(成勳, 이상 정봉스님계)스님과 증손상좌인 성우(省佑)·수정(秀靜)·성윤(性昀)·수경(秀暻, 이상 제철스님계)스님 등도 포교와 강설에 뜻을 두고 노스님의 얼을 계승하고 있다.

한시(漢詩)에 품은 깨침의 미학

정 수 옥(鄭守玉)

1902년 11월 12일　경남 진해시 자은동에서 출생.
1917년　　　　　수덕사 견성암에서
　　　　　　　　묘리법희(妙理法喜)스님을 은사로 출가.(16세)
1918년 6월 13일　청월(淸月)스님을 계사로 사미니계 수지.(17세)
1922년 8월　　　해인사 고경(古鏡)스님 회상에서
　　　　　　　　사미과·사집과 수료.(21세)
1929년 3월　　　서울 응선암 대은(大隱)스님 회상에서
　　　　　　　　사교과·대교과 수료.(28세)
1929년 4월　　　백용성(白龍城)스님을 계사로 구족계 수지.(28세)
1937년 2월　　　일본 미노니중학림 전문과정 3년 수료.(36세)
1937년 3월　　　경북 상주 남장사 불교전문강원 강사 역임.(36세)
1947년 3월　　　서울 탑골방 보문사 불교전문강원 강사 역임.(46세)
1951년 7월　　　충남 덕산 보덕사 주지 부임.(50세)
1955년 3월 15일　천성산 내원사 주지 부임.(54세)
1955년 4월　　　조계종 중앙종회의원 피선.(54세, 4선 역임)
1966년 2월 7일　세수 65세 법랍 48세로 입적.

한시(漢詩)에 품은 깨침의 미학

―수옥 스님

일생으로 절개를 지키니 마음이 옥이런듯

숱하게 겪은 풍우도 이 속을 벗어나지 않네

흐르는 물조차 섧게 울며 산빛도 변하여

매화의 향기와 푸른 대가 옛길을 통하네.

공명과 높은 덕 제방에 두루하였고

한 생각 아주 쉬니 만사를 잊어

오고 감이 없는 공적한 곳에

알 수도 없고 볼 수도 없는 것이 이 참된 빛일세.

一生守節心如玉 風雨多經這個中

(일생수절심여옥 풍우다경저개중)

流水咽鳴山色變 香梅翠竹古途通

(유수인명산색변 향매취죽고도통)

功名高德遍諸方 一念永休萬事忘

(공명고덕편제방 일념영휴만사망)

無去無來空寂處 難知難見是眞光

(무거무래공적처 난지난견시진광)

비구니 대강백 화산당(華山堂) 정수옥(鄭守玉)스님의 열반에 즈음하여 경봉(鏡峰)스님이 애도하며 읊은 시가(詩歌)다. 당대를 가름하는 비구승이 비구니를 애찬(哀讚)하는 만사(輓詞)[1]가 예사롭지 않다.

일생으로 절개를 지키니

수옥스님은 금룡(金龍)·혜옥(慧玉)스님과 더불어 한국불교 비구니계 3대 강백 중의 한 분이며, 선(禪)·교(敎)·율(律)을 두루 겸비한 걸출한 비구니 수좌로 알려져 있는 인물이다. 오늘날의 비구니계를 대표하는 니승 대다수가 그의 강의를 듣지 않은 이가 없을 정도로 비구니계에 미친 영향력은 실로 대단했다.

생전에 수도자로서 세속을 초월한 고상한 취미와 착실한 수행, 티끌에서 벗어난 심경 등을 한시(漢詩)로 암시하곤 했다는 사

은사 묘리법회스님과 함께. 왼쪽이 수옥스님, 오른쪽이 은사인 묘리법회스님이다. 뒷줄 서있는 분은 사제인 삼각산 승가사 주지 상륜스님이다.

실도 넌지시 스님을 그려보게 되는 이유다. 스님의 사상, 그 알맹이를 잘 드러내고 있는 한시 한 편을 소개하면 다음과 같다.

    사해의 호걸들 흘러가는 청춘 애석해서
    단풍나무 아래 다시 만남 기약하네
    이 풍진 한 세상 하룻밤 꿈이어니
    티끌 밖에 노니는 수행에 비하랴.
    海內豪男慕昔春 又期楓下會衿巾(해내호남모석춘 우기풍하회금건)
    浮生一世渾塵夢 豈似閑遊物外人(부생일세혼진몽 기사한유물외인)

스님께서 젊은 시절 금강산에서 읊은 시다. 동국대 교수를 역임한 법운(法雲) 이종익(李鍾益) 박사가 번역한 것을 그대로 옮긴 것인데, 세속을 뛰어넘는 도인의 희유함을 느낄 수 있는 대목이 아닐 수 없다.

법희스님을 은사로 출가

스님은 1902년 11월 12일 경남 진해시 자은동에서 부친 동래 정(鄭)씨 태익(泰翼)과 모친 어(魚)씨 사이에서 태어났다. 15~16세가 되자 여러 곳에서 청혼이 들어왔을 정도로 어려서부터 용모가 빼어나고 같은 또래들에 비해 철도 일찍 들었다. 그래서 그런지 어려서부터 세속의 삶을 비루하게 생각했고, 항상 속세를 떠나 흰 구름 푸른 산속에서의 깨끗한 수도생활을 그리워하곤 하였다.

그러던 중 16세가 되던 1917년 늦가을 어느날, 부모 모르게 집을 나와 해인사를 찾았다. 출가의 뜻을 비추었으나 비구들의 처소임을 내세워 허락하지 않자, 니승들의 수도처로 익히 알려진 덕숭산 수덕사 견성암으로 발길을 옮겼다. 당대의 비구니 선풍을 일으켜 세운 묘리당(妙理堂) 법희(法喜)스님과의 법연(法緣)은 예서 시작한다. 그해 법희스님을 은사로 출가 득도한 후 이듬해 6월 13일, 나이 17세가 되던 해에 비구 청월(淸月)스님을 계사로 사미니계를 수지했다.

견성암에서 은사 법희스님을 시봉하며 수행에 전념하던 스님

경봉스님과 함께 내원사에서 기념촬영을 했다. 앞줄 왼쪽이 경봉스님이고 오른쪽이 수옥스님이다. 뒷줄은 왼쪽부터 법해·본공·진귀·자성·법형·자민스님과 속가 제자 고불심 보살(1963년 7월 14일).

은 19세 때 불교교학에 뜻을 두고 전문강원이 있는 해인사를 찾았다. 고경화상(古鏡和尙) 밑에서 2년 동안 사미과와 사집과를 수료했고, 그후 서울로 올라와 서대문 응선암(應禪庵)에서 김대은(金大隱)스님을 강사로 사교과와 대교과를 마치니, 비로소 부처님의 일대시교(一代時敎)를 모두 이수한 대종장이 된 셈이었다. 나이 28세였다.

일본유학…, 그리고 강백이 되어

불교전문과정을 모두 마친 스님은 1929년 4월 해인사에서 백용성(白龍城)스님을 계사로 비구니계와 보살계를 수지했다. 다시 수덕사를 찾아 그해 여름부터 산내 견성암에서 수선안거하기를 다섯 차례 성만했다. 이때부터 스님은 선·교·율(禪敎律)을 두루 갖춘 탁월한 수행자로서 도반들로부터 부러움의 대상으로 자리잡아갔다.

스님은 그러나 여기서 만족하지 않았다. 33세 되던 해인 1934년 3월에 해외유학에 뜻을 두고 일본으로 건너갔다. 교오또시 묘심사파 종립학교의 전문도량인 '미노니중학림(美濃尼衆學林)'에 입학하여 3년간 전문과정을 마쳤다.

매우 우수한 성적으로 미노니중학림을 졸업한 스님은 1937년 3월에 고국으로 돌아와 경북 상주 남장사 불교전문강원의 강사로 취임했다. 남장사에서 3년 동안 학인들을 제접한 후 1940년 나이 39세 때 다시 수덕사 견성암을 찾아 7하(夏) 동안 수선안거에 들어갔다. 견처(見處)[2]를 얻은 때가 이때다. 일제의 압박으로부터 벗어나는 해방의 기쁨을 맞이한 것도 이즈음이었다.

1947년, 나이 46세 때부터는 서울 성북구 보문동에 위치한 탑골방 보문사 불교강원 강사로 부임해 3년 동안 비구니 교육에 심혈을 기울였다. 예서 중년의 나이를 넘긴 스님은 이제 종단의 중견으로서 1951년 충남 덕산의 보덕사 주지로 취임하고, 다시 1955년에는 경남 양산의 천성산 내원사 주지로 부임했다. 그해 4월에는 조계종단의 중앙종회의원으로 선출되어 4대를 역임했다. 내원사는 스님의 만년 10여 년 동안 수행도량이 되어주었던 곳이다.

동국제일선원 가람을 일구다

내원사 주지로 부임할 당시는 6·25전쟁이 휩쓸고 간 후였고, 때문에 절은 폐허 그 자체였다. 종단은 천년고찰 내원사를 복원할 원력의 인재를 물색했고, 스님이 적임자로 선출된 것은 시사하는 바가 크다. 비록 비구니였으나 중견대덕으로서 높은 덕망과 원력이 비구승 못지 않다는 평가가 내려지고 있던 터였다.

스님은 종단의 그같은 원력에 부응해 내원사 주지로 취임한 후 사찰복원 불사에 진력을 기울였다. 그러나 폐허가 된 사찰을

천성산 내원사 선원(禪海一輪). 동국제일선원으로 자리매김한 내원사는 6·25 이후 폐허가 되었으나, 수옥스님이 주지로 부임하여 복원한 공로에 힘입은 바 크다.

천성산 내원사 사적비. 수옥스님이 주지로 부임한 후 중창된 내원사의 이력을 담고 있다.

일신 중건하기까지는 5~6년의 세월을 공들여야 했다. 그 결과 내원사는 불당과 요사채 등이 무려 1백여 칸에 이르렀고, 도량의 정리와 상주물(常住物)의 구비는 완벽에 가까웠다.

대저 선수행에 뜻을 둔 이는 교와 율 또는 사찰운영과 관련해 어느 하나는 소홀하게 마련이다. 인간의 능력은 한계가 있기 때문에 어느 하나가 능하면 다른 그 무엇은 부족하기 쉽기 때문이다. 그러나 스님은 달랐다. 사찰운영에도 남다른 자질을 보여 내원사를 동국제일선원으로 자리매김시킨 공로는 실로 대단했다.

그 공로로 당시 조계종 총무원장과 경남도지사로부터 공로상(1959년 4월 25일)을, 박정희 대통령권한대행으로부터 문화재보호공로상과 문화훈장(1962년 8월 15일)을, 조계종 종정으로부터 공로상(1964년 12월 20일)과 모범승려 표창장(1965년 6월 25일)을 수상했다.

스님은 이렇듯 선교는 물론 입전사상(入纏思想)[3]에도 투철했으나, 세연을 다했음인지 1966년에 들어서서 약간의 미질을 보이더니 2월 7일 육신의 허울을 벗어던지기에 이른다. 세수 65세요, 법랍 48세였다.

훗날 상좌 자광(慈光)스님은 "노소를 막론하고 은사스님처럼 넉넉한 분을 보지 못했다"며 "금생의 수행력으로는 대인으로서 그만큼 넉넉할 수 없을 것"이라고 회고한다.

한시에 품은 깨침의 미학

수옥스님의 한시 59수를 모아 후학들이 펴낸 《화산집》 표지.

그랬다. 수옥스님은 평소 넉넉하고 소탈하면서도 투철한 수행의지를 보였다. 화합을 중시한 만큼 대중불화는 절대 용납하지 않았다. 특히 스님의 문장은 고풍스러울 뿐만 아니라 장중하였다고 하니, 강백이요 선납자의 본분사가 몸에 밴 풍치를 지니고 있었음을 알 수 있다.

금강산에서 읊은 한시 여섯 수를 비롯해 정혜사·해인사·내장사·예산역·불국사·간월도·내원사·금룡사·동국선원·연화사 등지에서 당시에 느꼈던 세계를 시로 노래한 것은 스님의 감성이 얼마나 풍부했는가를 잘 보여주고 있다. 그 시들을 모아 후학들이 책으로 엮어 출간하니, 《화산집(華山集)》이 그것이다.

59수가 모아진 《화산집》의 한시(漢詩) 중에는 경봉스님과 오고간 시문답도 실려 있다. 비구 대선사와 게송을 주고받을 정도로 스님의 도(道)의 경지는 이미 니승(尼僧)의 한계를 넘어서고 있었던 것이다.

잎 떨어진 나무에 봄이 오니 숲이 온통 향그러워

온화한 바람 단비에 나라가 풍년드네

인생은 한 세상 몽환의 나그네인데

헛된 망상 비우자 해탈의 도인일세.

落木春生萬綠香 和風甘雨國豊陽

(낙목춘생만록향 화풍감우국풍양)

人生一世幻夢客 放却幻心物外康

(인생일세환몽객 방각환심물외강)

화산당 수옥스님의 해탈(解脫)시 한 수다.

니승의 스승이 되어

오늘날 한국불교계의 비구니라면 대다수가 스님의 제자라 할 수 있다. 후학들 대개가 그의 강의를 듣지 않은 이가 없을 정도로 스님의 강설과 수행의지는 하늘을 가리고도 남았던 것이다.

스님의 유훈을 받들고 있는 은법제자로는 자호(慈毫, 열반)·자윤(慈允)·자장(慈藏, 열반)·도련(道鍊)·자연(慈蓮)·자산(慈山)·자광(慈光)·향엄(香嚴)·평탄(平坦, 열반)·덕겸(德謙)스님 등과 대강백의 명성을 그대로 이은 건당제자 명성(明星)스님이 있다. 손상좌로는 승혜(勝慧, 자호스님계)·혜등(慧燈, 자윤스님계)·

지환(知幻, 자장스님계)·보학(寶鶴, 도련스님계)·인성(印星, 자산스님계)·지견(知堅, 자광스님계)·지우(知愚, 향엄스님계)·법일(法日, 평탄스님계)·삼호(三昊, 덕겸스님계)스님과 매년 수옥스님의 제례 의식을 맡아오고 있는 재가불자 고불심(古佛心) 등이 대표적인 인물들이다.

제4부
청정한 도량을 가꾸고

대의(大義)에 살다간 참 보살행인(菩薩行人)

홍 상 근(洪祥根)

1872년 9월 6일   서울 종로 4가에서 출생.
1883년 9월 24일   서울 청룡사에서
                 창수(昌守)스님을 은사로 출가.(12세)
1886년   개운사 극락암에서 초암(初庵)스님을 계사로
                 사미니계 수지.(15세)
1894년~1909년   금강산의 영원암·유점사 반야암·백련암·홍성암·
                 신계사 법기암 등지에서 수선안거.
1909년 3월   서울 청룡사 주지 부임.(38세)
1911년~1918년   금강산 장안사 관음암에서 수선안거.
1913년 4월 8일   금강산 유점사에서 윤영봉(尹靈峰)스님을 계사로
                 구족계 수지.(42세)
1914년 2월   유점사에서 증덕법계 품수받고 임석두(林石頭)
                 스님으로부터 '인월당(印月堂)'이란 당호 받음.(43세)
1918년~   청룡사 주지 부임 후 사찰 일신중창.
1951년 5월 21일 세수 80세 법랍 68세로 입적.

대의(大義)에 살다간 참 보살행인(菩薩行人)
─상근 스님

　인월당(印月堂) 홍상근(洪祥根)스님은 일생을 대의(大義)에 살고 소절(小節)에 굴하지 않는 성품으로 근검절약과 빈병구제에 헌신했던 인물로 이름이 높다. 신심이 견고하고 공익심이 투철하여 불전의 법요의식(法要儀式)과 각단의 예경승사(禮敬承嗣)[1], 어려운 범패는 물론 가람수호에도 남다른 원력을 지녔던 분으로 전해진다. 어떠한 법요의식과 공양제식(供養祭式)[2]에도 타의 모범이 되어 칭송을 받았으며, 성격이 정중하고 치밀해 매사를 소홀히 하거나 성실하지 아니한 점이 없었다.

　일평생을 오직 의와 공을 위하는 마음과 남을 사랑하고 나를 잊어버리는 보살행으로 불법의 지혜를 밝혀 온 스님의 거룩한 뜻은 오늘도 후학들에게 지고한 교훈이 되고 있다.

대의(大義)를 위한 삶

상근스님은 1872년 9월 6일 당시 한성부 동부 2교동(지금의 종로 4가 부근)에서 부친 남양 홍(洪)씨 영일(永日)과 모친 충주 김(金)씨와의 사이 4남매 중 2녀로 태어났다. 나이 10세 되던 해인 1881년에 어머니 김씨가 서울 청룡사에서 계흔(桂昕)비구니의 상좌로 출가해 법명을 창수(昌守)라 이름한데 이어, 그해 여름에는 언니되는 금전(錦典)이 어머니인 창수비구니를 은사로 출가했다.

마침내 스님도 2년 뒤인 1883년 9월 24일 모친 창수비구니를 은사로 정하고 청룡사로 출가하기에 이르니, 나이 12세였다. 속가에서 부모와 자식간의 천륜(天倫)을 맺은 3모녀는 억만겁이 지나도 만나기 어렵다는 불연(佛緣)을 다시 맺고 이렇게 은사와 상좌간으로서 납자의 길을 걷게 된다.

얼마간의 행자수행을 마친 스님은 15세 때 개운사 극락암에서 초암(初庵)스님을 계사로 사미니계를 수지하고, 23세 되던 해인 1894년에 처음으로 참선도량인 금강산 영원암 선방에 입방하여 안거를 마쳤다. 그후 몇 해 동안 금강산 유점사 반야암을 비롯해 백련암(지금은 소실됨)·홍성암·신계사 법기암 등 여러 선원에서 정진에 정진을 거듭한 후 청룡사로 돌아왔다.

상근스님이 안거수선했던 금강산 유점사 전경.

청룡사로 돌아온 스님은 1909년 3월에 청룡사 주지로 취임했다. 그러나 스님의 구도열정은 사찰 주지직에 안주하도록 내버려두지를 않았다. 40세가 되던 1911년에 맏상좌 윤호(輪浩)스님을 비롯한 몇몇 상좌들을 데리고 다시 금강산 장안사 관음암에 들어가 8년간에 걸쳐 참선수행에 열정을 쏟았다. 바로 이 공부기간 중이던 1913년, 스님의 나이 42세 때인 4월 8일에 금강산 유점사에서 윤영봉(尹靈峰) 율사로부터 구족계를 수지했다. 이듬해 2월에는 유점사에서 중덕법계를 품수받고, 다시 금강산 보은암에 주석하고 있던 임석두(林石頭)스님으로부터 '인월당(印月堂)'이란 당호를 받았다.

몸에 밴 검소, 나라를 일으키다

그렇게 수행정진을 거듭하던 스님은 1918년에 이르러서야 청룡사로 다시 돌아와 주지직에 재취임했다. 오늘날의 청룡사의 모습이 갖춰지기 시작한 것은 바로 이때부터다. 주지직에 취임한 직후 스님은 사재(私財)를 판출해 요사채를 새로이 짓고, 1932년에는 전체 건물을 중수했다. 그 누구에게서도 희사 한 푼 받지 않고 일생 동안 근검절약으로 모아 두었던 재산 등 순전히 사비를 들여 사찰을 일신중창한 것이었다. 스님의 사생활이 얼마나 검박했는지를 짐작케 하는 일면이다.

상근스님의 원력에 힘입어 중창된 청룡사.

용운봉완(龍雲奉玩, 1879~1944)스님.
3·1독립운동 때 민족대표 33인 중 한 분으로 〈조선불교유신론〉을 발표했다. 만해(卍海)는 별호다. 상근스님은 만해·용성스님 등 독립인사들의 뜻을 받들어 독립자금을 만들어 주었다.

    사실, 상근스님은 일생에 걸쳐 그 누구에게서도 명분없는 돈을 한 푼도 받지 않았다. 근검과 절약의 검소한 생활이 몸에 밴 스님은 사중의 살림살이에 낭비가 많음을 늘 경책하고 바로잡아 나갔다. 스님의 도량에서 음식 찌꺼기를 버리는 일은 상상도 할 수 없는 일이었고, 버리는 물건도 한 번 더 사용처를 생각하게 하였다.
    하루는 사중생활을 시작한 지 얼마되지 않은 한 사미니가 남긴 밥을 버리고 있는 것을 우연히 지나가다 보게 되었다. 이 장면을 본 스님은 그 사미니에게 조용히 다가가 타이르며, "우리가 버린 밥알 하나가 땅에 떨어지면 그 밥알이 다 썩어 날아갈 때까지 신장님이 지키고 서서 염불을 외운다고 했거늘, 어찌 이 소중한 양식을 헛되이 버릴 것인가" 하고는 그 떨어진 밥알을 주워 물에 씻어서 그 사미니가 보는 앞에서 먹었다. 사미니는 참회의 눈물을 흘리며 용서를 빌었고, 그후로는 다시는 음식을 버리는 일이 없었다.

스님은 그러나 한편으로 이렇게 알뜰히 모은 돈이 꼭 쓰여져야 할 사용처를 만났을 때는 아낌없이 희사할 줄도 알았다. 1919년 3·1독립 만세운동이 일어났을 때의 일이다.

평소 애국심이 강했던 스님이었는지라, 직접 독립운동에 참가해 전위에 서서 투쟁은 못할 지언정 물심양면으로 애국지사들을 적극 원조하고 나섰다. 민족대표 33인 중 불교계의 대표인 한용운(韓龍雲)·백용성(白龍城)스님을 비롯해 백초월(白初月)·이종욱(李鍾郁)·신상완(申尙完)스님 등 여러 스님들의 뜻을 받들어 독립자금을 마련해 주는 등 독립운동에 숨은 역할을 담당했던 것이다.

유수사찰 불사에 무주상 희사

평생 검소한 생활로 마련한 논 323석분과 밭 10석이 넘는 재산을 아낌없이 털어 전국 유수사찰에 고루 나누어 불사에 도움이 되도록 한 것도 참으로 놀라운 일이 아닐 수 없었다. 스님이 재산을 헌납한 사찰은 금강산의 마하연사·장안사·표훈사·신계사를 비롯해 수원 용주사·예산 정혜사·서울 개운사와 청룡사·오대산 월정사 등 모두 9개 사찰로 기록은 전하고 있다. 지금도 개운사에는 스님의 대공덕비가 우뚝 서 있음을 볼 수 있으니, 스님의 보살회사정신은 오늘도 그 빛을 발하고 있음이다.

현재 서울 동대문구 숭인동에 소재한 청룡사는 도선국사(道詵國師)의 유언으로 고려 태조 왕건이 단기 3255년(서기 922년)에 창건한 이래 1천여 년 동안 니승들만 주석해 온 비구니 사찰이다. 제1세 주지인 혜원(慧圓)비구니가 주석하며 후삼국통일 위축기도를 올린 후 만선(萬善)·지환(知幻)·법공(法空)·예순(禮順)·묘담(妙湛)·수인(守仁)·처금(處金)·등확(登㲋)·계흔(桂昕)·정기(正基)·창수(昌守)비구니 등이 대를 이어 중창을 거듭해 오면서 오

금강산 장안사. 상근스님은 평생 검소한 생활로 마련한 사재를 판출해 장안사를 비롯해 마하연사·표훈사·신계사·용주사·정혜사·개운사·청룡사·월정사 등 전국 유수사찰 불사에 희사했다.

청룡사에 세워진 '정업원구기' 비각. 이 비각 안에 보존되어 있는 비석은 조선조 영조가 이 절에서 출가한 단종왕비 정순왕후를 기려 내린 친필이다.

늘에 이르고 있다.

　청룡사는 또 고려 공민왕의 왕비 혜비(惠妃)와 조선 태조 이성계의 제2왕비 강씨 소생인 경순공주(慶順公主), 그리고 조선조 단종왕비 정순왕후(定順王后) 등이 이곳에서 스님이 된 유서깊은 절이기도 하다. 조선조 영조대왕이 단종왕비 정순왕후를 기려 친필을 내려 세운 '정업원구기(淨業院舊基)'라는 비석과 '전봉후암어천만년(前峰後巖於千萬年)'이라는 비각현판 등이 있어 역사적·문화사적으로도 귀중한 사찰로 전해온다. 이 때문에 청룡사는 한때 '정업원'이라 불리웠으나, 순조 때 다시 청룡사로 환원되었다.

　상근스님은 이렇듯 역사성 깊은 청룡사에 머물면서 가람수호는 물론 불사를 크게 이룩하는 한편, 만년에는 도제양성(徒弟養成)에도 남다른 관심을 보였다. 가난과 병에 신음하는 가엾은 사람들을 그냥 넘기지 않았으며, 부처님을 위하는 일과 나라와 민족을 위하는 일에는 물질과 성력을 아끼지 않았다.

스님은 특히 평소에도 삶을 도피하는 염세주의 종교가나 현실을 무시하는 형이상학적 철학자들을 추종하지 않고, 냉엄한 현실 속에 오직 대의를 위하고 공을 위하는 보살행 실천에 앞장섰다. 그러나 애석하게도 6·25동란 이듬해인 1951년 5월 21일 인시에 훗날 다시금 사바중생제도의 원을 안고서 열반에 들고 만다. 세수 80세요 법랍 68세였다.

개운사에 세워져 있는 상근스님의 공덕비.

부처님 뜻대로 살았으니…

구한말에 태어나 임오군란·갑신정변·을사조약·경술국치·3·1운동, 8·15해방, 6·25동란 등의 희비쌍주를 목격한 스님의 80평생은 말 그대로 고난과 수난의 역경 그 자체였다. 하지만 이러한 사회적 변혁의 흐름 속에서도 불굴의 의지로 일생을 부처님 뜻대로 살다간 스님은 후대에 길이 남을 귀감의 인물로 한국불교 비구니사에 그 위치를 점유하고 있다.

오늘날 비구니계 대표 문중의 하나인 법기문중(法起門中) 청룡사파의 법맥을 계승한 스님의 후계 상좌로는 맏상좌 윤호(輪浩)스님을 비롯해 대용(大用)·보현(普賢)·보성(寶成)·보완(寶玩)·만성(滿性)·윤여(輪如)스님 등이 있다. 그러나 지금은 모두 열반에 들고, 손상좌인 청룡사 주지 진우(眞愚)스님과 전 동국대 강사 진홍(眞弘)스님을 비롯해 진문(眞門)·진경(眞鏡)·진적(眞寂)·진공(眞空, 이상 윤호스님계)·경선(鏡先, 보현스님계)·응명(應明, 열반)·도준(道準, 열반, 이상 보성스님계)·성민(性敏)·진운(眞雲, 이상 보완스님계)스님 등이 각지에서 스님의 얼을 기리며 비구니의 위상을 세워가고 있다.

비구니계 영원한 어머니

이 긍 탄(李亘坦)

1885년 4월 15일	서울 왕십리에서 출생.
1891년 8월	탑골방 보문사에서 세장(世長)스님을 은사로 출가. (7세)
1902년	금강산 장안사 주지 벽하스님을 계사로 사미니계 수지. (18세)
1910년	만화스님을 계사로 구족계 수지. (26세)
1912년~1945년	보문사 주지 역임.
1938년	도봉산 보문사 금강계단에서 용성(龍城)스님을 계사로 다시 구족계 수지. (54세)
1937년~1952년	상원사·범어사 대성암·화엄사 구층암· 수덕사 견성암·정릉 대원사 등지에서 수선안거.
1972년 4월 20일	비구니종단 '대한불교보문종' 창종, 초대종정에 추대됨. (88세)
1980년 8월 27일	세수 96세 법랍 89세로 입적.

비구니계 영원한 어머니

―긍탄 스님

서울 성북구 보문동에 위치한 탑골방 보문사를 총본산으로 하고 있는 대한불교 보문종(大韓佛敎普門宗)은 세계적으로 유일하게 니승들로만 구성된 종단이다. 보문종에서는 현재 설월당(雪月堂) 이긍탄(李亘坦)스님을 창종주(創宗主)로 모시고 있는데, 일찍이 현실자각과 의식있는 비구니들을 양성하여 그들을 중심으로 불교중흥에 앞장설 수 있도록 그 터전을 마련하고자 했던 긍탄스님의 원력이 비구니 종단의 창종으로 이어졌다고 할 수 있다.

스님은 7세의 어린 나이로 출가해 한평생 생활 그 자체로써 정진수행의 면모를 보여주어 지금도 비구니 납자들의 상징으로 모르는 이가 없을 정도로 널리 알려진 인물이다. 스님의 유업을 받들어 오늘도 여법한 비구니 종단으로서 사회구제사업에 앞장서고 있는 보문종은 현재 40여 개(미국 2개, 일본 1개 포함) 말사에 200여 명의 비구니스님과 5만여 명의 신도를 확보하고 있다. 교세로 볼 때 그리 크다고 할 수 있는 종단은 아니나, 종도간의 우애와 화합이 가장 잘되고 있는 종단으로 손꼽는데 누구도 주저하지 않는다.

한평생 고고한 삶

최초로 비구니 승단의 위상을 정립한 후 세납 96세의 일기로 고고한 삶의 여정을 마친 긍탄스님은 1885년 4월 15일 서울 성동구 왕십리에서 부친 경주 이(李)씨 춘근(春根)과 모친 순흥 안(安)씨 칠영(七榮) 사이의 3남매 중 고명딸로 태어났다.

어려서 부친이 돌아가시자 1891년 8월 모친에 의해 세장(世長)스님을 은사로 보문사에서 출가하게 되니, 나이 겨우 7세였다. 그 후 모친께서도 강원도 철원 보개산 석대암으로 출가해 《금강경》과 《관음경》을 하루 한 편씩 독송하는 한편 문수·지장·관음주력과 여러 곳의 선방에서 화두정진(話頭精進)에 몰두해 당대의 고승 방한암(方漢岩)스님으로부터 칭송을 받을 정도였다고 전한다.

따라서 모친의 본분사가 스님의 수행에 많은 지침이 되었을 것이라는 추이는 어렵지 않게 할 수 있다. 모친의 영향에 힘입은

계룡산 동학사 승가대학. 긍탄스님은 불교전문 강원이던 이곳에서 경학을 배우던 중 송은영스님을 상좌로 맞아들였다.

스님은 18세 되던 해인 1902년 금강산 장안사 주지 벽하스님께 사미니계를 수지하고, 1903년 동학사에서 사집과 수료 후 1910년 만화(萬話)스님께 구족계를 받았다. 이후 동학사에서 경학을 마친 스님은 1912년 보문사 주지로 부임해 33년간 재직하는 동안 정(定)과 혜(慧)를 닦는데 소홀함이 없었다.

스님은 평소 다음과 같은 〈초발심자경문〉의 경구를 인용하며 후학들을 경책했다.

3일 동안 닦은 마음 천 년의 보배요,

백 년 동안 탐한 욕심은 하루 아침의 티끌이라.
三日修心 千載寶 百年貪物 一朝塵
(삼일수심 천재보 백년탐물 일조진)

스님은 또 "중(衆)은 어떠한 상황에서도 공부를 게을리 해서는 안 된다"며 "육신이 가는 날까지 화두를 놓지 말라"고 강조했다. 후학들을 향한 스님의 이러한 채찍질은 다름아닌 자신으로부터 비롯되었다. 오대산 상원사 방한암스님 회상에서 거듭 세 철을 나는 것을 시작으로 범어사 대성암·화엄사 구층암·수덕사 견성암·서울 정릉 대원사 등지와 칠불암·수정암·윤필암·부도암 등 전국 각지의 선방에서 안거수행을 멈추지 않아 당시 칭찬을 아끼지 않는 이가 없을 정도였다.

파거불행 노인불수(破車不行 老人不修)

당시 스님의 도반이 한국불교계 최초로 비구니선풍을 일으킨 묘리 법희(妙理法喜)스님과 뒤를 이어 비구니선풍을 진작시킨 만성(萬性)스님 등이었다는 사실은 스님의 구도열을 미루어 짐작할 수 있는 대목이다. 지금도 후학들에게 회자되고 있는 하나의 일화는 오늘날 비구스님들 못지 않는 수행 면모로 비구니 선풍을 진작시킬 수 있었던 본보기가 되고 있다.

6·25 당시 보문사에서 묘리 법희스님과 함께 수행정진에 몰두하고 있던 어느날, 인민군의 습격을 받았다. 부지불식간에 일어난 사건이었는지라 대중은 황급히 몸을 감추었고, 경내는 긴장감이 감돌던 터였다. 그러나 두 스님은 추호도 흐트러짐이 없었다. 선삼매에 들어간 두 비구니스님들의 얼굴은 오히려 차분히 가라앉아 있었다. 이를 바라보던 인민군들은 되레 감탄해마지 않다가 조용히 경내를 떠났다. 적(敵)도 감화시킬 수 있는 금강과 같은 수행력, 그것이 두 비구니스님이 후학들에게 남겨준 납자의 참 모습이었다.

70세에 이르러서는 피부병을 얻게 되었는데, 스님의 구도정진

화엄사 구층암. 긍탄스님은 경학을 마친 이후에도 구층암·대성암·견성암·수정암·윤필암·부도암 등 전국 선원에서 안거수행을 멈추지 않았다.

의 틈새를 피부병이라고 해서 차고 들어올 수는 없었다. 《금강경》과 〈츰부다라니〉를 독송한 지 3년 만에 완쾌를 보이는 위신력을 시현(示現)해 보였던 것이다.

그래서 그런지 만년에 이르러서는 '수레가 부숴지면 갈 수가 없듯이 노년에 이르면 수행하기가 어렵다(破車不行老人不修)'며 젊었을 때 부지런히 공부에 전념할 수 있도록 제자들을 일깨워주는 일을 잊지 않았다.

정혜겸수와 불교의식의 전수

"노 스님은 비구스님에 버금갈 만큼 인물이 빼어났으며, 얼굴이 광채를 발하여 거기서 풍기는 기품만 보고서도 신도들의 환희심은 대단했다."

독특한 수행가풍으로 비구니들의 의식을 일깨우며 한국불교의 한 축을 형성했던 스님에 대한 손상좌 법준(法俊)스님의 회고담이다. 법준스님이 회상하는 노 스님은 한 마디로 비구스님 못지 않는 장대한 기품을 자랑했다. 그러나 남달리 자상한 성품을 갖추고 있었다는 사실도 간과해서는 안 될 것이라고 법준스님은 부언한다.

스님이 보문사 주지로 재직 중이던 어느날 맏상좌인 고(故) 송은영(宋恩榮)스님이 탁발을 나간 후 늦저녁이 되도록 돌아오지 않은 일이 있었다. 상좌가 무사히 돌아오기만을 초조하게 기다리던 스님은 저녁도 잊은 채 걱정이 태산이었다. 비구니라 할지라도 여자의 몸이라서 항시 조심할 수밖에 없었던 터였기 때문이다.

그러한 일이 있은 후 은영스님은 "은사스님이 저토록 걱정하시니 내 어찌 탁발을 나갈 수 있겠느냐"며 그로부터 탁발행각을 그만두게 되었다. 무릇 《부모은중경》에 자식을 멀리 보내고 기다리는 어머니의 마음을 연상하게 하는 일화가 아닐 수 없다.

스님은 또 정혜겸수(定慧兼修)는 물론 몸소 실천불교에 앞장선 이면에 전통 불교의식에도 남다른 점이 있었다. 나이 11세 때 이

긍탄스님이 1912년 주지 부임 후 중창한 탑골방 보문사. 현재 비구니 종단인 대한불교 보문종 총무원이 소재하고 있다.

미 범패·바라·나비·도량게 등 불교의식 절차를 모르는 것이 없을 정도로 일가견을 이루었다고 하니, 그래서 붙여진 별명이 '탄인도(吒引導)스님' 이었다.

대한불교 보문종의 탄생

오늘날 비구니 승단의 총림으로서 그 위상을 정립한 탑골방 보문사의 사격(寺格)은 사실상 스님으로부터 비롯되었다는데 종도들은 이의를 달지 않는다.

1912년 보문사 주지로 부임하던 당시 절은 말이 아니었다. 오래 전부터 절에서 잡일을 해오던 '청운'이라는 자가 절의 땅문서를 훔쳐 그걸 판 돈까지 다 써버린 일이 발생한 직후였던지라, 가람을 다시 일으키기란 말처럼 쉬운 일이 아니었다. 스님은 어이가 없었다. 그렇다고 마냥 주저앉아 있을 수만도 없는 처지였다. 그 길로 탁발에 나선 것도 업연(業緣)[1]이라 생각했다.

당시 우리나라는 일제치하에서 일본 식량공급지로 전락한데다 인심이 흉흉하고 불안한 시기였다. 때문에 양 어깨에 바랑자국이 나고 발꿈치가 불어트도록 탁발을 다녀야 겨우 한 되박 정도의 시주밖에 얻을 수 없었다. 그렇게 3년 동안 탁발한 결실로 겨우 절논 아홉 마지기를 마련할 수 있었다. 보문사 중창의 시작이었다. 1917년에 《화엄경》을 인간(印刊)하여 대웅전에 봉안했으며,

불교의식 중의 하나인 바라춤. 긍탄스님은 불교의식 절차를 모르는 것이 없을 정도로 일가견을 이뤄 '탄인도 스님'이란 별칭이 붙기도 했다.

만세루(지금은 소실됨) 수축과 관음전 신축, 대웅전 보수와 대종 주조 등 호구책도 어려운 시기에 지금의 보문사의 기초를 닦아 놓았던 것이다.

보문사에서 비구니 수행가풍을 떨치며 30여 년 간 가람수호에 진력해 오던 스님은 니승들의 보다 더 응집된 수행력의 필요성을 느끼게 된다. 급기야 세계적으로 유일한 비구니 승단의 결집이 이뤄지고, 하나의 여법한 종단으로서 그 면모를 일신하니 '대한 불교 보문종'의 창종이다. 1972년 4월 20일의 일이었다. 스님이 초대종정으로 추대되었고, 오늘날까지 비구니 승단의 정신적 지주로 받들어지게 된 까닭이다.

그러나 평생을 비구니의 위상을 정립하고자 혼신을 다했던 스님은 1980년 8월 27일 허상(虛相)을 거두고 홀연히 열반에 들었다. 세수 96세요 법랍 89세였다. 문도들이 스님을 기리고자 유물전을 마련했으나, 애석하게도 1백 일 탈상 후 전기누전으로 전소되고 말았다. 기이한 것은 유물전에 모셔진 불상이나 탱화 등은 전혀 불길이 닿지않은 채 오로지 스님의 유물만 뜬구름 없어지듯 사라졌다는 사실이다.

손상좌 법준스님은 "노 스님께서는 평소 상(相)을 내는 것을 싫어하셨는데, 아마도 상에 얽매이는 제자들의 어리석음을 일깨워주고자 몸소 자신의 물건만을 가져가신 것이 아닌가"라고 당시를 회상한다.

보문사 중심 비구니 세계(世系) 형성

사자상승(師資相承)의 법맥을 생명으로 삼고 있는 선불교의 세계(世系)는 긍탄스님의 경우에서도 예외는 아니다. 스님의 철저한 계행과 실천적 수행의 면모가 제자들에 의해 면면히 이어져 오고 있음이 그것이다.

은영(恩榮)·명오(明悟)·은강(恩岡, 이상 열반함)스님을 비롯해 은각(恩覺) · 은득(恩得) · 은진(恩眞)스님 등이 대표적인 상좌들로서 은사의 유업을 받들고 있다. 맏상좌 은영스님은 은사의 유지를 그대로 받드는 가람역사에 전념하여 오늘의 보문사를 이룩해 놓았으며, 명오스님은 재단법인 보문원 이사장으로서 비구니 승단의 발자취를 계승하였다. 또한 법준 · 법인스님을 비롯한 1백여 명의 손상좌들이 보문사를 중심으로 각처에서 비구니 승풍진작에 앞장서고 있다.

준령(峻嶺)에 앉은 시대의 여걸(女傑)

김 법 일(金法一)

1904년 8월 23일(음)	서울 종로구 관훈동에서 출생.
1936년 9월 15일	지리산 대원사에서 문성(文成)스님을 은사로 출가.(33세)
1937년 9월 9일	영암(映岩)스님을 계사로 사미니계 수지.(34세)
1940년	대원사 강원 대교과 졸업.(37세)
1950년 4월 8일	해인사 효봉(曉峯)스님을 계사로 구족계 수지.(47세)
1953년	동화사 비구니총림 교무국장 역임.(50세)
1953년 9월	조계종 중앙종회의원 피선.(50세)
1954년	운문사 비구니 강원 교무국장 역임.(51세)
1955년 4월~	수선안거 30하(夏) 성만.
1955년 9월 5일~	대원사 주지 부임 이후 40여 년 간 대원사 중창불사.
1991년 10월 10일(음)	세수 88세 법랍 55세로 입적.

준령(峻嶺)에 앉은 시대의 여걸(女傑)
―법일 스님

예로부터 해동(海東)의 남악(南岳)을 일러 지리산(智異山)·방장산(方丈山)·두류산(頭流山)이라 부른다. '두류'는 백두산의 지류(支流)라는 맥락에서 유생(儒生)들이 붙인 이름이요, '지리'와 '방장'은 문수(文殊)의 백련낙화(白蓮落花) 속에 유마거사의 불이법문(不二法門)[1]을 항상 강설하는 대승수행도량을 의미하는 바 신라 선승들이 처음으로 이 명칭을 사용했다.

이 남악을 중심으로 대가람 수십 개가 건립되었으나, 그 중 가장 깊은 역사를 지닌 웅장한 도량은 단연 대원사(大源寺)라 할 수 있다. 사지(寺址)를 살펴보면 대원사는 지리산의 봉우리 중 으뜸인 천왕봉 아래 눈이 부시도록 맑고 깨끗한 바위 위에 눌러앉은 준령(峻嶺)에 웅대한 소나무와 길게 뻗은 대나무들이 도량의 둘레를 에워싸서 일찍부터 '선경죽원정사(仙境竹園精舍)'라 불리웠다고 전한다. 신라 진흥왕 9년(548년)에 연기(緣起)스님이 창건하여 평원사(平原寺)라 부른데서 연원(淵源)을 찾고 있다.

이후 1천여 년 동안 폐사로 내려오던 것을 조선 숙종 11년(1685년)에 당시 선걸(禪傑)인 회암운권(檜巖雲捲)선사가 절터를 복원·중건하여 대원암이라 부르고, 다시 고종 27년(1890년)에 구봉혜흔(九峰慧昕)선사가 크게 중창하여 이름을 대원사라 바꾸었다. 1913년 12월에 원인모를 화재로 소실되자 1917년 주지 영태(永泰)스님 등 50여 대중이 중건했으나, 1948년 1월에 여순반란사건의 여파로 자장율사가 세웠다는 9층 여래사리탑(보물 1112호)만을 남긴 채 다시 폐허가 되는 비운을 겪었다.

비구니 만허당(滿虛堂) 김법일(金法一)스님의 진면목은 예서 출발한다.

속가시절 봉이(鳳伊)의 원력

방장산 대원사는 견성암·내원사·석남사·윤필암 등과 함께 한국불교의 대표적인 비구니 참선도량이다. 물론 대원사가 비구니 선원으로 거듭나기까지 니승(尼僧) 법일스님의 대원력이 아니었던들 이 절의 후사(後史)를 기약할 길이 없었던 바, 오늘날 오

법일스님이 출가한 후 40년에 걸쳐 일신중건한 방장산(지리산) 대원사.

롯한 비구니 세계(世系)마저 단절되지 않았을까 두려웠을 따름이었다.

그랬다. 도량이 폐허로 방치된 지 어언 8년의 세월이 흐른 뒤 대원사는 거듭 4중창의 기연(機緣)을 접하게 되니, 1955년 9월에 법일스님이 주지로 부임하면서부터다. 절친한 도반이었던 인홍(仁弘)스님과 수옥(守玉)스님이 비구니 수행의 모토(母土)를 닦고자 원을 세우고 각각 석남사와 내원사로 향한 것도 바로 이즈음이었다. 이 세 니승의 서원불사는 급기야 오늘날 비구니 수행도량으로서의 대원사·석남사·내원사의 이력(履歷)을 갖추게 하는 원동력이 되었다.

비구니 김법일스님.

오로지 후학대중을 위하여 가람정비에 일생을 바치면서도 기도와 참선을 한시도 놓지 않았던 스님은 1904년 음력 8월 23일 서울 종로구 관훈동에서 청풍 김(金)씨 유찬(裕璨)과 전주 전(全)씨 영순(榮順) 사이의 2남 4녀 중 맏딸로 태어났다. 속명은 할아버지께서 큰 봉황새를 가슴에 안겨주는 모친의 태몽에 따라 봉이(鳳伊)라 이름했다.

부유하고 개화된 집안 분위기에서 어린시절을 보낸 봉이는 경기여고를 거쳐 동덕여고에서 졸업한 후 청운의 꿈을 품고 일본유학을 떠나기 앞서 외가가 있는 경남 진주에 잠시 내려와 있다가, 뜻한 바가 있어 진주 식산은행에 입사해 십여 년 간을 근무했다. 그 당시 봉이는 성품이 강직하고 순수했으며, 남달리 주장과 의기가 고집스러워 불의와의 타협을 거부하는 강인함을 갖고 있었다.

그렇게 직장생활에 여념이 없던 어느날, 봉이는 불심이 돈독한 인척인 직장 상사와 대원사를 오가다가 비구니 문성(文成)스님을 친견하게 되었다. 그후 출가자의 힘든 수행과정을 존경하게 되던 즈음, 홀연히 '속세의 살림살이가 출가하여 구도함만 같겠는가'라고 생각하고 3일 동안 산천초목을 바라보면서 만사를 잊은 채 삼매에 들었다.

급기야 결심을 얻은 봉이는 문성스님을 은사로 모시고 대원사로 출가하기에 이르니, 나이 서른셋이었다. 당시의 여자 나이로서는 만삭의 출가였다. 1936년 9월 15일의 일이다.

가람수호 서원 세워

부덕(富德)한 세속의 삶을 버리고 출가의 기연을 스스로 끌어안은 스님은 대원사에서 수행정진에 몰두한 지 1년 후인 1937년 9월 9일 영암화상(映岩和尙)으로부터 사미니계를 수지하고, 1940년에 강원(講院)의 대교과(大敎科)를 수료하기에 이른다.

그후 쌍계사 국사암에서 견성암 대중 30여 명과 함께 당시의 대(大)비구선사 만공(滿空)·고봉(古峰)스님 회상에서 각각 3년씩 공부에 열중했다. 이후에도 각 선방에서 용맹정진을 거듭한 스님은 1950년 4월 8일에 해인사에서 효봉화상(曉峯和尙)을 계사로 구

입적 2년 전 동안거 결제 기념사진(1989년 11월 16일). 법일스님은 입적하는 그날까지 가람수호 원력 이면에도 수선안거를 통한 자아찾기를 멈추지 않았다. 가운데 안경쓰신 분이 법일스님.

효봉원명(曉峰元明, 1888~1966)스님. 1962년 조계종 통합종단의 초대 종정을 역임한 근세 고승. 법일스님의 구족계 스승이 되었다.

족계를 수지하니, 비구니 대종장으로서 이력을 갖추게 된 것이었다.

오롯한 니승으로서 구도자상을 정립한 스님은 이후 2년여 동안 동화사 비구니총림(1953년)과 운문사 비구니강원(1954년) 교무국장을 역임하고, 53년 9월에는 조계종 중앙종회의원으로 피선되어 수년 동안 비구니 승가교육에 깊은 관심을 기울였다. 천년고찰의 화마(火魔)를 쓸어내고 도량을 일신중창하여 니승 선도량으로 대원사를 우뚝서게 한 때도 바로 이즈음이다. 1955년 9월 5일 대원사 주지로 부임한 후 완전 폐허가 된 절터에 대작불사의 원력을 세우고 그 면모를 일신하기까지 스님의 일생은 그야말로 원력보살의 삶 그 자체였다.

스님이 주지로 부임한 후 상좌인 행원·성우·행돈·행석·송

벽스님 등과 함께 도량을 일군 첫 결실은 현재 선방으로 사용되는 탑전(塔殿)불사였다. 그러나 당시는 비구·대처승 간의 치열한 시비(是非)가 있었던 터라, 기득권을 가진 대처승측의 방해에 부딪쳐 중창불사를 계속하기란 쉽지가 않았다. 급기야 대원사 소유권 분쟁은 법원소송에까지 이어졌고, 다행히 주변 신도들의 도움에 힘입어 1959년 고등법원에서 스님측이 승소하기에 이르렀다.

그러나 난관은 예서 그치질 않았다. 사중에 일정한 수입이 있는 것도 아니요, 불사를 적극적으로 도와주는 신도도 없었다. 시주(施主)[2]할 사람들을 찾아 마을을 헤매다 보면 험한 산길에 교통편도 없어 와중에서 밤을 지새우는 날이 하루 이틀이 아니었다. 추운 겨울엔 동상걸린 발을 싸매고 걷기도 하였으며, 여름엔 얼굴이 검게 타는 두타행(頭陀行)[3]으로 시주문을 두드리기도 하였다.

스님의 그 신심에 감복하여 내놓은 신도들의 시주금을 받아 근근히 불사를 이어온 지 40여 년, 비바람에 씻기고 돌에 치여 스님의 손발은 나무옹이처럼 굳어져 버리기도 하였다. 지난 86년까지 대원사를 사리전·탑전(선원)·대웅전·천광전·원통전·산신각·봉상루·범종각·명부전·요사채·염화실·백인당(후원)·큰방 등 17여 동 320여 평으로 장엄하니, 스님의 가람수호 원력은 불보살을 감응하기에 부족함이 없었다. 이들 전각 중 사리전(舍利殿)은 절의 뒤쪽에 위치한 암자를 일컫는데, 이는 다른 지방에서 수도하러 온 납자들의 주석처로서 스님의 수순자비심을 엿볼 수 있는 곳이다.

청빈납자의 삶, 후학에 모범

어떤 사람이 말하기를,
"저 대원사에 여걸(女傑)이 있으니 가서 만나보라."
고 하였다.

인산인해(人山人海)였다. 그 여걸을 보고자 하는 사람들은 사부대중을 가리지 않았다. 대원사를 찾은 사람들 모두가 한 니승 앞에 경건한 예를 올렸다. 스산한 바람만이 허공을 수놓았던 옛 절터를 장엄하게 일으켜 세운 그 니승의 자태는, 그러나 선민(選民)[4]과는 거리가 먼 선납자(禪衲子)일 뿐이었다. 대중은 오히려 그 모습에 감흥했고, 절로 고개를 숙여야만 하였다.

그 여걸이 법일스님이다.
스님은 또 여장부 못지 않게 성정(性情)이 섬세하고 은혜를 중히 여겼다. 하루는 출가 전에 외상으로 약을 사고 그 값을 치루지 못한 채 출가한 사실을 기억하고는 약값을 갚기 위하여 그 약국을 찾아가니, 주인은 이미 명(命)을 달리한 터였다. 그러자 스님은 그 약값을 영전(靈前)에 놓고 제사를 올리니, 주인의 인척들이 스님의 시은(施恩)[5]에 어찌할 바를 몰라하였다.

그렇듯 스님은 가람수호 원력 이면에 수행자로서의 본분을 그대로 간직하였던 터였다. 출가 후 입적하기에 이르기까지 개화기 신여성 출신답지 않게 텔레비전을 한 번도 보지 않을 정도로 구도열정을 불살랐으며, 외부에 출타할 때에도 시자승 한 명만 데리고 다녔다. 유품을 살펴보더라도 스님의 청빈한 삶은 후학들의 본보기가 아닐 수 없다.

2평 남짓의 방 한 칸에서 살았던 스님이 남긴 것은 골동품 같은 나무 책상과 철 책상, 철 옷장이 전부였다. 구족계 수지 이후

1973년 문수기도 회향을 마치고 대중과 함께 기념촬영을 하였다. 앞에서 둘째줄 가운데 안경쓴 분이 법일스님, 오른쪽 옆은 자운스님이다.

문도들이 법일스님의 뜻을 기리고자 1998년 4월에 세운 '지리산 대원사 중창 사적비명'.

1950년 4월 15일 하안거 때부터 수선안거 30하(夏)를 성만한 것도 스님의 구도열정을 엿볼 수 있는 대목이다.

그토록 자나깨나 대원사를 염려하였던 대(大)비구니 법일스님.

그러나 납자로서의 길만을 좇아 무자화두(無字話頭)를 챙기던 중 어느날, 새벽녘 도량석의 목탁소리를 들으며 홀연히 세연(世緣)을 마감하니, 세수 88세요 법랍 55세였다. 1991년 음력 10월 10일 시적(示寂)[6]의 조종(弔鐘)[7]이 지리산 심산유곡의 산사를 울리고 있었다.

문도들은 그 뜻을 기리고자 1998년 4월 '지리산 대원사 중창

사적비명'을 세워 대원사의 창건·중건의 역사와 법일스님의 가람수호 원력의 업적을 만고(萬古)에 남기고 있다.

1백여 제자 납자본분 계승

스승을 보면 제자를 알 수 있다고 하였던가. 스님의 후학들은 한결같이 선납자로서의 본분을 잃지 않는 구도자상을 보이고 있으니, 오늘날 비구니 세계(世系)를 구성하는 법맥을 형성하고 있는 데서 그 가치를 찾을 수 있다.

맏상좌 행원(行願)스님은 안타깝게도 스승보다 일찍 세연을 접으니, 사바(娑婆)에서의 기연을 내생(來生)에 기약했음이다. 그러나 성우(性牛)·행돈(行敦)·행석(行錫)·진홍(眞弘)스님 등은 여전히 대원사를 수호하면서 스승의 본분을 후학들에게 전하고 있는 직계 제자들이다. 그밖에도 행욱(行旭)·자현(慈賢)·행련(行蓮)·지형(智亨)·서지(西至)·계정(戒靜)·종재(宗齋)·도정(道正)·도행(道行)·수현(修賢)·도문(道文)스님 등이 전국 각지의 선방에서 스승의 선맥(禪脈)을 잇고 있다.

법(法)의 흐름은 1천 년을 기약한다고 하였듯이 스님의 유지는 그 손상좌들에게 있어서도 그대로 계승되고 있으니, 오늘날 1백여 명 이상의 후학들이 대원사의 비구니 선풍을 각지에서 진작하고 있음을 살필 수 있다. 묘혜(妙慧)·영주(榮珠)·영호(榮浩)·

영진(榮眞)·진전(眞典)·영운(暎芸)·대경(大鏡)·대영(大瑛)·광오(光悟)·묘현(妙玄)·묘명(妙明)·묘인(妙仁)·현주(玄宙)스님(이상 행원스님계) 등 맏상좌 계열의 후학들을 위시하여 영현(瑛玄)·경덕(京德)·정법(正法)·정수(精修)·지오(智悟)·서종(瑞宗)·혜정(慧淨)·법관(法觀)·혜종(慧宗, 이상 성우스님계)·영안(潁岸)·기현(奇玄)·지욱(志旭)·기영(奇影)·등현(登玄)·기원(奇圓)·조벽(照甓)·청원(靑圓, 이상 행돈스님계)·대희(大喜)·장진(長眞)·성원(性圓)·정원(精圓)·성훈(性勳)·지향(志香)·정문(精文)·정현(精玄, 이상 행석스님계)·지환(至還)·지공(知空)·지운(知雲, 이상 진홍스님계)·종호(宗昊)·종진(宗眞)·종주(宗主, 이상 행욱스님계)·요원(了源, 자현스님계)·상윤(常潤)·현도(賢度, 행련스님계)·명수(明修)·대방(大放, 이상 지형스님계)스님 등이 대표적인 손상좌들로 손꼽힌다.

고해(苦海)에 우뚝 선 원력보살

송 은 영(宋恩榮)

1910년 1월 15일	충남 대덕군 북면 미호리에서 출생.
1918년	계룡산 동학사에서 긍탄스님을 은사로 출가.(9세)
1919년	동학사에서 만호(萬皓)강백과
	대은(大隱)스님을 계사로 사미니계 수지.(10세)
1920년	서울 탑골방 보문사 입방.(11세)
1935년	서울 도봉산 원통사에서 용성(龍城)스님을
	계사로 구족계 수지.(26세)
1936년	보문사에 불교전문강원 개설.(27세)
1941년	서울 청룡암 주지 부임.(32세)
1945년	보문사 주지 부임.(36세)
1945년~1979년	35년에 걸쳐 보문사 중수.
1971년 8월 5일	'재단법인 보문원' 설립, 이사장 취임.(62세)
1972년 4월 20일	비구니종단 '대한불교보문종' 창종,
	총무원장 취임.(63세)
1981년 9월 11일(음)	세수 72세 법랍 63세로 입적.

고해(苦海)에 우뚝 선 원력보살

— 은영 스님

보문사 중창 · 사회복지 원력의 상징

　보암당(寶庵堂) 송은영(宋恩榮)스님.
　세계적으로 유일한 비구니 종단 '대한불교 보문종'의 창종 주역이요, 비구니계의 무한한 능력 발휘의 상징인 대비구니를 말한다. 정법을 위하여 끝까지 굴복하지 않는 장부심과 참다운 신심으로 생활불교의 이상실현에 앞장섰던 금세기 대표적인 원력비구니로서, 단지 니승이기 때문에 받은 숱한 서러움을 사찰 중건불사의 원력과 사회복지사업의 의지로 키워내 오늘날 법륜상전(法輪常傳)[1]의 묘력이 되고 있는 이 스님은 그대로 한 송이 연꽃이 되어 지금도 뭇 중생들의 귀의처가 되고 있다.

　은영스님은 1910년 정월 15일 충남 대덕군 북면 미호리에서 부친 송헌대(宋憲大)와 모친 박상품화(朴上品華) 사이의 넷째 딸로 태어났다. 아이가 걸작으로 생겼다 하여 걸례(傑禮)라 이름했다가 부처님의 은혜를 영광스럽게 하고 삼보의 은혜를 갚을 수 있는 영광된 자리를 마련할 사람이라는 뜻에서 '은영(恩榮)'이라 고쳐 불렀다.
　1918년 어머니를 따라 계룡산 동학사로 출가하니, 나이 아홉 살이었다. 동학사는 오래 전부터 비구니 스님들의 학문도량으로 이어져 왔기 때문에 스님이 이 절에 왔을 때에도 50여 명의 학인들이 대은(大隱)스님의 강의를 듣고 있었다.
　탑골방 보문사 출신으로 수년 전부터 이곳에 와서 대교과를 이수하고 있던 설월당(雪月堂) 이긍탄(李亘坦)스님을 만나게 되는 인연을 접하게 된 것도 여기서다. 긍탄스님은 일곱 살에 입산하여 수행도덕이 풍만하고 덕행이 원만하여 많은 대중으로부터 공경을 받고 있던 터였다. 스님은 긍탄스님을 은사로 정하고 니승으로서의 행습을 익히기 위한 청규생활에 들어갔다. 출가 이듬해인 1919년에는 만호(萬皓)강백과 대은스님을 계사로 사미니계를 수지했다.

탑골승방 석굴암. 보문사의 두뇌요 은영스님의 원력의 총체이다. 1972년 6월 준공됐다.

긍탄스님과의 인연

다시 1년 후인 1920년에 이미 주지로 가 있던 긍탄스님을 따라 서울 보문사로 올라왔다. 보문사로 올라와 보니 절에서 일하던 '청운'이라는 자가 사찰소유의 전답을 다 팔아챙겨 달아난 후였다. 결국 동냥중이 되어버린 은사스님과 함께 이집 저집을 다니며 탁발로 연명하다시피 하였으며, 밥장사와 나물장사까지 할 수밖에 없을 지경에 이르렀다.

그렇게 각고의 고생 끝에 모은 돈과 당시 보문사 근처에 살던 지혜룡·지운양 부자(父子)의 시주금 등에 힘입어 요사채를 신축하고 기울어져 가는 대웅전을 일신중창할 수 있었다. 나이 겨우

19세 때의 일이었다. 법당 중수와 더불어 사중의 고민거리였던 지금의 선불장 뒤에 위치하고 있던 산내 묘소 이전문제 등을 해결하고 나니 천하가 통일된 것만 같았다. 그러다보니 떠나갔던 대중이 다시 모여들어 40여 명을 헤아리게 되었다.

당시 개화물결을 타고 변화되어 가는 사회현상을 바라보던 스님은 마침내 1936년에 보문사에 불교강원을 개설하고, 전북 전주 정혜사 정영명(鄭永明)스님을 초대 강사로 초빙했다. 이 강원개설은 비구니 대강백 수옥(守玉)스님을 비롯해 대저술가 안진호(安震浩)스님과 이종익 박사·이섭 교수·황영진 선생 등이 차례로 강사직을 역임하며 수많은 비구니 학인들을 배출하게 되는 계기가 되었다. 보문종의 전 종정 천일조(千日照, 열반)스님과 현 종정 천혜안(千慧眼)스님이 보문사로 온 시기도 이즈음이다. 이에 앞서 스님은 1935년 나이 26세 때 서울 원통사에서 백용성(白龍城)화상을 계사로 구족계를 수지했다.

시자원(施慈園) 설립, 복지사업 길 터

보문사에 불교강원을 개설한 스님은 1941년 사집과를 졸업한 후 삼각산 청룡암의 주지로 부임했다. 1943년에는 대교과를 졸업하고 그해 보문사에서 대덕법계위에 올라 당호를 '보암(寶庵)'이라 하였다.

1945년에 이르러 급기야 보문사 주지로 취임하면서 오늘날 보문종의 기초를 쌓는 서원 다섯 가지를 세우게 된다.

첫째, 대지를 매입하여 절 주변환경을 정리하는 것이요,

둘째, 절 경계를 이루는 담장을 쌓아 시비의 요소를 제거하는 것이요,

셋째, 구도의 정신을 바로 세우기 위한 건축불사를 통해 도량을 청정하게 장엄하는 일이요,

넷째, 도제양성을 통해 불교의 생명을 잇는 것이요,

다섯째, 복지사업을 통해 명실공히 대자대비행을 실천하는 일이다.

이 서원은 머지않아 이루어지게 된다. 스님은 우선적으로 삼성각 대지 3천여 평을 매입하여 앞서 잃었던 절땅을 다시 확보했다. 또한 사찰경계를 낱낱이 측량하고 이후 13년에 걸쳐 붉은 벽

은영유치원과 독서실을 갖춘 동원정사. 보문사 일주문 앞에 있으며, 최근 현대식 건물로 새롭게 단장했다.

은영스님의 생애 마지막 불사가 된 9층석탑의 석가여래 진신사리묘보탑. 열반 2년 전인 1979년에 완공됐다.

돌로 6척 높이의 담장을 성처럼 쌓아 올렸다. 담을 쌓고보니 도량이 가을 하늘처럼 드러났고, 시비의 염려는 저녁 연기처럼 사라졌다. '억척 비구니'로 불리우게 된 까닭들이었다.

이렇듯 서원이 하나씩 이루어지면서 보문사가 어느 정도 안정을 되찾자 스님은 새로운 경지에 관심을 갖게 되었다. 은사인 긍탄스님과 함께 불교전통음악인 범패를 배워 부처님의 덕을 찬탄하고 바라·승무·도량게 등 불공의식을 여법히 전수·계승하고자 함이었다. 탑골승방 보문사가 '재받이 중들이 모인 장소'라는 별칭을 갖게 된 것도 여기서 연유한다. 봉원사·백련사·안정사 등 태고종 사찰에 비견할만큼 스님의 불교전통 전승의지는 불교의식을 대중화하고 특수화하여 보문사 발전에 큰 영향을 끼친 것은 물론이었다. 특히 스님은 옛 곡조가 든 우리말 법문인 '하청(下請)[2]'을 잘하여 교단 내에서 이름을 드날리기도 하였다.

그러한 와중에도 스님은 계속해서 대중을 위한 선방식 법회장소인 선불장(選佛場)을 완공했다. 천연수 개발과 상하 2층 지하 1층의 건물을 불연석으로 지었으며, 특히 지하실의 오밀조밀한 설계는 당시 건축계에 일대 혁명을 일으켜 일본과 중국 불교계에서도 설계도를 가져갈 정도였다. 1958년의 일이다.

스님의 원력은 예서 멈추지 않았다. 법보원(法寶院)을 지어 장경을 배치하고, 1962년 산령각 신축, 1969년 범종각 신축 및 대종 주조, 1970년 극락전·호지문·시왕전·보광전 등을 건립했다. 그러나 당시 조계종은 총무원이 비구·대처승으로 갈리어 서로 대립하는 가운데 순수한 사찰들까지도 모진 바람을 맞는 경우가 빈번하게 발생했다. 보문사도 그러한 사찰 중의 하나였다. 그리 하여 스님은 비구·대처 싸움에 휘말릴 것을 우려하여 독립적인 권리능력을 인정받고 누구한테도 침해를 받지 않게 하기 위한 방편으로 '재단법인 보문원'을 설립하기에 이른다. 1971년, 스님의 나이 62세 때였다.

재단법인 보문원 이사장에 취임한 스님은 법인의 첫 사업으로 시자원(施慈園)을 건립하여 한의원 시설 등 스님들의 노후대책과 외로운 노인들을 위한 경로사업의 길을 열었다. 보문종이 사회복지사업의 물꼬를 트면서 대중회향의 전범을 보이는 계기가 예서 출발하게 된 것이었다.

그러나 애석하게도 최근에 이르러 시자원을 이용하는 노(老)스님과 노인들의 숫자가 줄어 지금은 문을 닫은 상태다.

석굴암 세워 생활불교 구현

호국충효·남북통일·국태민안 등을 기원한다는 명목으로 경주 석굴암을 보문사 도량에 그대로 재현시킨 '탑골승방 석굴암'은 보문사의 두뇌이자 스님의 원력의 총체로 일컬어지는 건축물이다. 소요된 석재 2천4백 톤, 철재 25톤, 시멘트 1만 포, 연인원 7만여 명이 동원된 이 건축불사는 보문종의 최대 불사로 손꼽힌다. 1970년 8월에 착공되어 1972년 6월에 준공을 보게 된 건물이다.

당시 불교관련 대석학들은 이 석굴암을 두고 찬사를 주저하지 않았다. 이병도 교수는 "가히 동양문화의 중흥을 위한 방향제시"라고 찬탄했으며, 김원룡 박사와 이선근 박사는 "한국 석불사업의 금자탑이자 조국통일의 심벌"이라고 칭송했다. 또 이기영 박사는 "생활불교의 이상을 재현하였다"고 평가했다.

문도들에 의해 1990년 3월 21일에 보문사 경내에 세워진 '비구니 보암당 은영사비'.

스님은 계속해서 1972년 4월 20일에 세계적으로 유일한 비구니 종단 '대한불교 보문종'을 창종·등록하여 초대 종정에 은사인 긍탄스님을 추대하고 총무원장에는 자신이 취임하기에 이른다. 1977년에는 보문사 정문 앞에 지금의 은영유치원과 독서실이 있는 동원정사(東園精舍)를 건립하고, 1979년에는 생애 마지막 불사가 된 석가여래 진신사리 묘보탑인 9층 석탑을 조성하면서 스님의 원력불사는 일단락되었다.

보문사는 이로써 1만여 평의 대지 위에 큰법당·노전·삼성각·산령각·선불장·범종각·극락전·호지문·시왕전·보광전·시자원·석굴암·관음전·법보원·9층 석탑 등이 질서정연하게 그 위용을 드러냄으로써 명자 그대로 보문시현(普門示現)[3]하고 원력홍심(願力弘深)[4]한 관음보살의 대원력을 실천하는 도량이 되었다.

보암(寶庵)의 덕은 이렇듯 구천에 높이 빛나고 은영(恩榮)의 혜(惠)는 사해에 깊이 드날렸음인데…. 무상(無常)이라 무아(無我)라, 일생 동안 한국불교를 위하여 몸바친 순교자요, 원력비구니인 은영스님은 애달프게도 1981년 음력 9월 11일 보문사에서 홀연히 사바(娑婆)의 연(緣)을 접고 만다. 세수 72세요 법랍 63세였다.

원력비구니의 원력(願力)

한국불교의 거룩한 순교자 은영스님의 뜻을 이은 상좌들은 오늘도 각지에서 불교 위상을 세워 나가고 있다. 맏상좌 법준(法俊)스님을 비롯해 법훈(法訓)·법송(法松)·대원(大圓)·법관(法觀)·법춘(法春)·법종(法綜)·상륜(常輪)·법신(法信)스님 등이 바로 그들이다. 또한 손상좌로 덕현(德賢)·도명(道明)·지성(智性)·청민(靑敏)·선하(仙霞)·계환(戒環)·덕호(德浩)·혜주(慧珠, 이상 법준

스님계)·유광(有光)·경선(敬善, 이상 법훈스님계)·인권(仁權)·인전(仁典)·성덕(聖德)·진학(眞學, 이상 법송스님계)·인구(仁求)·설연(說燕, 이상 대원스님계)·금타(錦陀)·현명(賢明, 이상 법관스님계)·혜인(慧印)·혜광(慧光, 이상 법춘스님계)·현진(賢眞)·현문(賢門)·현수(賢秀)·현재(賢在, 이상 법종스님계)스님 등이 노스님의 원력을 받들어 비구니 승풍진작에 그 몫을 다하고 있다.

■ 주(註)

● 법회 스님편

1)가섭찰간화(迦葉刹竿話): 마하가섭 존자에게 아난이 물었다. "세존께서 사형에게 금란가사를 전하셨다고 하는데, 그 외에 특별히 무엇을 전하셨습니까?" 가섭이 "아난아!"하고 불렀다. 아난이 "예."하니 가섭이 말하기를, "문간에 있는 찰간(刹竿-사찰의 건물 또는 탑 앞에 세워 놓은 장대)을 꺾어 버려라." 하였다는 이야기.

2)일편지(一片地): 천차만별의 사물이 하나로 되는 경지.

3)전심법문(傳心法門): 언어나 문자 등을 통하지 않고 마음으로 전하여 스스로 깨닫게 하는 법문.

4)축발득도(祝髮得度): 축발은 출가를 결심한 후 흔쾌히 머리를 깎는 것, 득도는 재가자가 출가하여 승려가 되는 것. 즉 두 용어는 같은 뜻이라 할 수 있다. 한글동음어인 득도(得道)는 '깨침을 얻다'는 뜻.

5)구족계(具足戒): 비구(니)가 받아 지니는 계율. 대계(大戒). 비구

는 250계, 비구니는 348계.

6)법기(法器): 법의 그릇, 즉 불도(佛道)를 수행할 수 있는 근기(根機)를 가진 사람.

7)사자(師資): 스승과 제자. 선종에서 그 법맥을 잇는다는 말인 '사자상승(師資相承)'은 스승이 제자에게 법을 전하여 끊이지 않게 한다는 뜻.

8)백장청규(百丈淸規): 일반적으로 백장선사가 남긴 '하루 일하지 않으면 하루 먹지 않는다(一日不作 一日不食)'는 뜻을 상징적으로 말할 때 이 말을 사용한다. 본래는 중국 당나라 때 백장회해(百丈懷海, 720~814)선사가 제정한 선종의 법규(2권)를 말한다.

9)행선(行禪): 앉은 자세로 선을 참구한다는 뜻의 좌선(坐禪)과 반대되는 개념으로 선의 실천적 수행법의 하나. 마음을 하나의 대상에 집중해서 자세히 사유하는 것을 참선이라고 하는 바, 행(行)·주(住)·좌(坐)·와(臥)에 집착함이 없이 어떤 상황에서도 선을 참구할 수 있다는 뜻.

10)무애적 선행(無碍的 禪行): 걸림이 없는 선적 행위. 무애는 보살이 큰 지혜를 얻어 능히 대·소승의 법과 세속의 언어·문자를 통달하는 것을 말한다. 무애(無碍)·무관(無關).

11)사교입선(捨敎入禪): 일정한 교학을 마치고 선종에 입문하는 것. 언어·문자를 세우지 말라는 선종의 무조건적인 그릇된 가르침이 아니다.

● **성문 스님편**

1)무자화두(無字話頭): 간화선에서 가장 중시하는 대표적인 불법(佛法)의 도리. 어느 스님이 조주종심(趙州從諗)에게 물었다. "개에게도 불

성(佛性)이 있습니까?" 조주가 말했다. "무(無)." 이것은 일체가 모두 불성이 있는데, 왜 조주는 개에게 불성이 없다고 답했는가라는 의구심을 나타낸 말로, 선승들에게 중시되어 왔다.

2) 선교겸전(禪敎兼全) : 선과 교를 온전히 통달하는 것.

3) 종신(終身) : 운명을 다할 때 그 곁을 지키고 있는 것.

4) 신해행증(信解行證) : 불도수행의 과정. 불법을 믿고 불법을 잘 이해하고 불법대로 수행하여 결국 그 과(果)를 깨닫는 것.

● **만성 스님편**

1) 선정삼매(禪定三昧) : 마음을 한 곳에 모아 움직이지 않게 하고, 자세히 사유하는 수행.

2) 초혼법(招魂法) : 죽은 사람의 영혼을 불러들이는 것.

3) 운수행각(雲水行脚) : 구름이 떠다니고 물이 흘러가듯 수행승이 일정한 거처없이 각지의 선방을 순방하며 참선학도에 힘쓰는 것.

4) 삼세제불(三世諸佛) : 과거·현재·미래의 삼세에 출현하는 부처님들을 통틀어 일컫는 말.

5) 일대사인연(一大事因緣) : 일대사를 위한 인연. 일대사는 성불득도(開悟)와 중생구제(敎化), 인연은 그 바탕이 되는 수행.

6) 무여열반(無餘涅槃) : 마음의 미혹을 끊고, 육체 또한 완전히 없어진 깨달음의 상태. 생존의 제약에서 정신적·육체적으로 완전히 이탈한 상태.

7) 하심(下心) : 자신을 낮추는 것. 겸손자비(謙遜慈悲)스런 마음.

● **일엽 스님편**

1) 사문유관(四門遊觀) : 석가모니 부처님이 출가하기 전 태자로 있을

때 왕궁의 4대문 밖을 나가 생(生, 고행자)·노(老, 노인)·병(病, 환자)·사(死, 죽은 사람)의 네 가지 고통을 본 후 인생의 무상을 느끼고 출가를 결심한 것. 사문출유(四門出遊).

2)기연(機緣): 부처님의 교화를 받을만한 인연이 있는 것.

3)입승(立繩): 절 안의 기강을 맡은 소임. 대중의 일거수 일투족을 지시하는 소임.

4)상구보리 하화중생(上求菩提 下化衆生): 위로는 자기를 위하여 깨달음(지혜)을 구하고(自利), 아래로는 중생을 교화하는 것(利他). 이는 보살 즉, 보리살타(菩提薩陀)란 말을 나누어 보리(깨달음)와 살타(중생)를 어원적으로 해석한 것이다.

5)적멸위락(寂滅爲樂): 적멸은 열반의 번역으로, 흔히 육체의 죽음을 뜻한다. 원래는 생사의 고통에 대하여 열반을 즐거움으로 삼는 것. 또는 열반을 성취하면 그것이 최상의 즐거움이란 뜻이다.

● **본공 스님편**

1)보리(菩提): 깨달음. 바른 지혜. 지혜에 의해 무명이 소멸된 상태.

2)구법이타행(求法利他行): 법(깨달음)을 구함이 남을 이롭게 하는 것과 다르지 않다는 뜻. 상구보리 하화중생.

● **월혜 스님편**

1)사자후(獅子吼): 부처님이 낭랑한 음성으로 설법하는 것을 백수의 왕인 사자가 포효하면 백수가 다 굴복하여 따르는 것처럼, 사자의 두려움 없는 포효소리에 비유한 말.

2)예토(穢土): 더러운 것이 가득한 국토. 사바(娑婆) 즉 속세를 일컬음.

3)선지(禪旨): 선의 핵심적인 교의·교법.

4)진속(眞俗): 불법(佛法)과 세간법(世間法). 평등의 이치와 차별의 이치. 출가인과 재가인. 참된 것과 속된 것.

5)중중무진법계(重重無盡法界): 우주만유 일체의 사물이 상호 무한의 관계를 가지고 일체화되어 있는, 또는 그렇게 작용하고 있는 연기(緣起)의 세계.

● 선경 스님편

1)공안(公案): 불조(佛祖)가 개시한 불법의 도리. 화두(話頭)·고칙(古則).

2)참구(參究): 참선해서 진리를 구명(究明)하는 일. 스승이 준 화두를 해결하려고 노력함.

3)수희(隨喜): 다른 사람이 행한 좋고 착한 일에 기뻐하는 것.

4)변정각(便正覺): 바른 깨달음을 알리는 소식.

5)성성적적(惺惺寂寂): 기운이 생생하게 살아있는 평온한 상태.

6)수마(睡魔): 견기디 힘든 졸음을 악마의 힘에 비유하여 일컫는 말.

7)단월(檀越): 보시를 행하는 사람. 시주(施主)라 번역한다.

8)별좌(別座): 공양할 음식을 만드는 소임. 전좌(典座).

9)선지(禪智): 선정을 기초로 하는 지혜.

● 대영 스님편

1)무위자연(無爲自然): 사람의 힘을 더하지 않은 그대로의 자연. 자연 그대로의 이상경지.

2)무위(無爲): 영구불변의 절대적 존재. 인연의 화합에 의해 조작되어진 현상적 존재인 유위(有爲)의 반대말.

3) 타성일편(打成一片) : 천차만별의 사물이 하나로 되는 것.

4) 수순자비(隨順慈悲) : 중생의 고통을 없애 즐거움을 주는 마음으로 다른 이의 가르침을 믿고 그 뜻을 따르는 것.

5) 유위법(有爲法) : 인연에 의해 이합집산하고 생멸하는 법.

6) 평상심시도(平常心是道) : 일상의 평범 속에서 누리는 마음의 순일함이 그대로 불도이며, 어떤 것도 보탤 필요가 없이 나날의 생활에 최선의 진실을 다하는 것이 바로 불도의 체현이라는 뜻. 조주가 남전에게 묻기를 "어떤 것이 도인가?" 하니, 남전이 답하기를 "평상의 마음이 도이다." 한 것.

7) 불립문자 교외별전(不立文字 敎外別傳) : 불립문자는 문자에 집착하지 않고 문자를 떠난다는 말. 교외별전은 불도를 전함에 있어 언어·문자에 의거하는 교설을 따르지 않고 곧바로 마음에서 마음으로 전하는 것.

8) 적정열반(寂靜涅槃) : 죽음. 입적. 깨달음. 일체의 미망에서 해탈하여 안락한 경계.

● 광호 스님편

1) 존증아사리(尊證阿闍梨) : 구족계를 받을 때 이를 증명하는 고승대덕. 아사리는 스승이 되어 제자를 가르칠 만한 덕을 갖춘 자.

2) 오신채(五辛菜) : 냄새가 독해 고기와 함께 불교에서 금하는 다섯 가지 음식. 부추·파·마늘·생강·달래.

3) 송주(誦呪) : 다라니를 암송하는 것.

4) 도재심오 부재언어(道在心悟 不在言語) : '진리는 마음을 깨닫는데 있는 것이지, 말에 있는 것이 아니다.' 는 뜻.

● 응민 스님편

1)화관(華棺): 널. 시체를 넣는 궤.

2)어산(魚山): 범천의 노래소리를 본따 만든 찬불곡조인 범패(를 잘하는 이). 어산(漁山)·오산(吾山). 원뜻은 중국 산동성에 있는 산 이름인바, 위무제 넷째 아들 조식(曹植)이 이 산에서 노닐다가 범천의 노래소리를 듣고 그 음을 터득하여 범패를 만든데서 유래했다.

3)비마·희마(悲魔喜魔): 수행을 방해하는 정신적 장애의 하나. 기쁨·슬픔·즐거움·괴로움 등 감정의 집착에서 자신을 잃고 허우적 거리는 것도 수행에 도움이 되지 않는다는 뜻.

4)주경야선(晝耕夜禪): 낮에는 밭을 갈고, 밤에는 선을 참구하는 것. '하루 일하지 않으면 하루 먹지 않는다'는 백장청규에서 나온 말로, 절에서의 운력이 참선·독경과 다르지 않는 수행의 한 방편임을 나타내는 말.

5)공적영지(空寂靈知): 모든 사물은 실체성이 없이 공무(空無)함을 아는 것.

6)차별법문(差別法門): 각각 다른 독자적인 모습을 가지고 존재하는 현상을 알아 그에 알맞게 법을 설하는 것.

7)평등지(平等智): 무차별의 세계, 일체 현상을 꿰뚫는 절대의 진리를 아는 지혜. 다섯 가지 지혜의 하나. 이 지혜를 터득하면 크게 자비심을 일으킨다.

● 금룡 스님편

1)방편설법(方便說法): 진실한 가르침으로 인도하기 위하여 잠정적으로 마련한 법문. 방편은 좋은 방법을 써서 중생을 인도한다는 뜻이다.

2)일대시교(一代時敎): 석가모니 부처님께서 보리수 아래에서 깨달

음을 이룬 후부터 입멸(入滅)할 때까지 설하신 일체의 교법. 일대교(一代敎).

3)만법도생(萬法度生) : 물질 및 정신적인 일체의 존재 즉, 모든 중생을 바른 길로 인도하고 불법(佛法)으로 제도한다는 뜻.

4)간경(看經) : 선가(禪家)에서 경문을 소리없이 읽는 것.

5)감로법우(甘露法雨) : 부처님의 교법을 감로의 비에 비유한 말. 감로는 부처님의 교법이 중생을 잘 제도한다는 뜻의 상징어.

6)방광(放光) : 여러 빛의 광명이 출현하는 것.

7)법장(法藏) : 법을 한 곳 깊숙히 모아 놓았다는 뜻의 상징적 용어. 원래는 부처님의 교설, 또는 그것을 모아 놓은 경전을 가리킨다.

8)건당(建幢) : 전법사에게서 법맥을 이어받는다는 뜻. 입실(入室).

● 혜옥 스님편

1)비구니팔경계법(比丘尼八警戒法) : 비구니가 비구에 대하여 지켜야 할 8가지 법.

① 1백세 비구니라도 갓 계를 받은 비구를 보면 일어나서 맞아 정좌에 앉도록 한다.

② 비구를 비방할 수 없다.

③ 비구의 죄를 들어 그 과실을 말할 수 없다.

④ 식차마나(사미니와 비구니의 중간단계)가 계를 배웠으면 대중에 따라 대계(구족계)를 받아야 한다.

⑤ 승잔죄(제적)를 범했으면 15일 내에 비구니·비구에게 참회해야 한다.

⑥ 15일마다 비구 스승을 구해야 한다.

⑦ 비구가 없는 곳에서는 안거를 할 수 없다.

⑧ 안거를 마치면 자자(自恣-자신이 범한 죄과를 고백하고 참회하는 것) 할 수 있는 비구를 찾아야 한다.

2)무주상보시(無住相布施): 베풀고도 일체 상을 내지 않는 것.

3)일의일발(一衣一鉢): 옷 한 벌과 바루 한 벌. 무소유를 근본으로 삼는 수행자가 지니는 최소한의 소유물.

4)삼일수심 천재보 백년탐물 일조진(三日修心千載寶 百年貪物一朝塵): '3일 동안 닦은 마음은 천 년의 보배요, 백 년 동안 탐한 욕심은 하루 아침의 티끌'이란 뜻.

5)제행무상 시생멸법 생멸멸이 적멸위락(諸行無常 是生滅法 生滅滅已 寂滅爲樂): '이 세상 모든 것은 덧없고 이것이 바로 나고 죽는 이치이니, 이러한 나고 죽는 법이 다하면 곧 열반의 기쁨을 얻는다'는 뜻.

● **수옥 스님편**

1)만사(輓詞): 죽은 사람을 위하여 지은 글.

2)견처(見處): 자신이 스스로 깨달은 바.

3)입전사상(入纏思想): 중생과 함께 뒹굴며 온갖 중생세계를 몸소 체험하는 동사섭사상.

● **상근 스님편**

1)예경승사(禮敬承嗣): 부처님께 예를 올리는 일. 예경은 부처님 앞에 절을 하는 것, 승사는 뒤를 계승하는 것.

2)공양제식(供養祭式): 음식물이나 의복 등을 불법승 삼보·부모·스승·망자 등에게 공급하는 제의식. 공양은 신체적·정신적 행위를 모두 포함한다.

● 긍탄 스님편

1)업연(業緣): 업은 몸과 입과 뜻으로 짓는 행위. 착한 행위(善業)는 좋은 결과의 인연을 부르고, 악한 행위(惡業)는 나쁜 결과의 인연을 부른다는 뜻.

● 법일 스님편

1)불이법문(不二法門): 상대의 차별을 초월한 절대 평등의 경지. 대립을 떠난 이치를 나타내는 가르침.

2)시주(施主): 보시행위 또는 보시하는 사람.

3)두타행(頭陀行): 걸식하는 행위. 원뜻은 의식주에 대한 탐욕과 집착을 버리고 심신을 수련하는 것을 말하며, 12가지의 생활규범이 있다.

4)선민(選民): 한 사회에서 남달리 특별한 혜택을 받고 잘 사는 소수의 사람.

5)시은(施恩): 은혜를 잊지 않고 갚는 것.

6)시적(示寂): 불보살이나 고승의 죽음. 열반. 입적.

7)조종(弔鐘): 죽은 사람을 슬퍼하는 뜻으로 치는 종(소리).

● 은영 스님편

1)법륜상전(法輪常傳): 불법이 끊임없이 전해지는 것. 흔히 부처님이 설법하는 것을 법륜을 굴린다고 함.

2)하청(下請): 절에서 재를 마친 뒤 여흥을 즐기는 것.

3)보문시현(普門示現): 중생의 소질과 능력에 알맞는 법문을 하는 것.

4)원력홍심(願力弘深): 중생을 구제하겠다는 소망이 크고 깊은 것.

■ 후기

꽃피우기, 그 아픈 참삶의 길
― 하춘생의 《깨달음의 꽃》에 대하여

언제부터인가 나는 도라지꽃을 보면 비구니 스님이 생각나고 비구니 스님을 보면 도라지꽃이 생각나곤 했다.

산에 가면 음음한 자주빛의 풀숲 그늘에서 수줍게 방긋 웃는 도라지꽃을 만난다. 자주빛 나는 꽃이나 흰빛 나는 꽃.

그리하여 나는 그 꽃에 대하여 시 한 편을 썼다.

뙤약볕 여름 시들어지고 귀뚜라미 울면
나 산으로 들어갈 거야
머리 옥빛 나게 깎고

송낙 깊이 눌러쓰고

송이송이 살구꽃 눈바람에 날리던 날

나 버리고 훌쩍 떠난

그대 마을로

탁발가게

나무 관세음보살

사랑 시주하십시오.

　꽃은 모든 식물들이 자기 평생 동안 뿌리와 줄기와 잎사귀들로써 분투한 결과 만들어낸 가장 값진 성과물이다. 그것은 반드시 열매를 맺기 위한 수단이므로 아름답고 향기롭고 곱고 예쁘다. 또한 연약하다. 모든 식물들은 그 꽃을 위해 존재한다고 해도 과언이 아니다.

　흔히 여성들을 꽃에 비유한다.

　한데 하춘생의 귀한 책을 위한 이 글에서 내가 말하려고 하는 꽃은 그러한 연약한 꽃이 아니다.

　화엄경(華嚴經)은 세상 혹은 우주를 꽃으로 장식하기를 권하고 가르치는 경전이다.

　꽃에는 눈에 보이는 것과 눈에 보이지 않는 것이 있다. 한자에서는 가시적인 꽃을 화(花)로 나타내고, 비가시적인 꽃을 화(華)로 나타낸다.

두 꽃이 모두 아름답고 곱고 예쁘고 향기롭고 값진 것이지만, 뜻하는 바는 사뭇 다르다.

이 세상은 꽃으로 가득 차 있다. 세상을 아름답고 곱게 장식하고 있는 꽃들.

장흥 바닷가 마을에 살고 있는 내가 서울이나 광주엘 가려면 버스나 기차를 탄다. 그것들을 운전하는 사람은 자기 먹고 살고, 자기 아내나 자식들을 위해 그 운전을 하겠지만, 나는 그 운전자의 덕분에 서울이나 광주까지 쉽게 갈 수 있는 것이다. 이때 그 운전자는 나를 위해 기막히게 좋은 일을 한 것이다.

농부나 어부, 청소부나 식당 종업원들도 자기와 자기 가족을 위해 일을 하는 것이지만, 우리는 그들 덕분에 쌀과 고기와 깨끗한 거리와 배부름을 얻을 수 있다.

길 가장자리나 들판에 버려진 고양이 시체를 파리의 애벌레나 세균들이 몰려들어 분해하여 먹어 치운다. 한 사흘쯤 뒤에 가보면 뼈들만 남아 있다. 우주의 청소부들이다. 그들 덕분에 세상은 깨끗해지는 것이다.

운전사·농부·어부·청소부·식당 종업원·파리 애벌레·세균들이 모두 꽃피우기를 하고 있다. 꽃피우기를 하는 존재들은 모두 불보살들이다.

비구니 스님들은 꽃(花)으로 태어나 꽃(華)이 된 존재들이다.

부처님의 말씀 한 마디를 세상의 미망에 젖어 있는 사람들에게 전하는 것이 항하의 모래알들보다 많은 공덕을 쌓는 것이라고 했다.

용맹정진을 통해 얻어진 값진 깨달음의 보배를 혼자서 간직하고 있는 것은 죄일 수 있다. 값진 보배를 집에 쌓아놓고 혼자서만 만지고 들여다보며 즐기는 구두쇠처럼.

그것을 중생들에게 되돌려줄 때 그는 비로소 꽃피우기를 하는 존재인 것이다.

하춘생씨가 이번에 내놓는 책 속에 들어있는 비구니 스님들은 모두 그러한 꽃피우기를 하다가 영원의 시간 속으로 잠적한 고귀한 꽃들이다.

이 책을 읽어가는 세속적인 나를 깜짝 놀라게 한 대목이 있었다.

"빛이 비추는 바가 없으면 경계 또한 있는 바가 없습니다. 마치 거울로 거울을 비추는 것과 같아서 상(相) 가운데는 불(佛)이 없습니다."

만공선사를 향해 이렇게 말한 응민 비구니 스님.

만공은 응민스님을 일러 정진제일의 수좌라고 칭찬을 했고, '방울대사'라는 별칭을 붙여주었다.

한데 응민스님의 구도행각이 세상에 알려지면서 다음과 같은 일이 벌어졌다.

응민스님의 부모님을 비롯한 일가족 모두가 출가의 길을 걷게 되었다. 부친은 만공스님의 막내 상좌인 법진(法眞)스님이며 모친은 묘리법희스님을 은사로 성호(性浩)라는 법명을 수지했다. 바로 아래의 남동생은 만공스님의 손상좌인 도오(道悟)스님이며, 둘째 남동생이 바로 일타(日陀)스님이다. 일타스님은 당시 승려였던 막내 외삼촌의 인도로 통도사에서 고경(古鏡)스님을 은사로 출가했다. 비구니 대영스님의 둘째 상좌인 쾌성(快性)스님이 막내 여동생이다. 그뿐만이 아니다. 스님의 친가·외가를 통틀어 48명이 출가의 연을 맺은 불가(佛家)였다는 사실이다.

유가에서는 그 집안의 이러한 상황을 일러 '파문의 지경에 이르렀다'고 말할 터이다.
그러나 그러한 시각 자체가 하나의 미망일지도 모른다.

꿈에 즐겁게 술을 마신 사람은 다음날 아침에 울고,
꿈에 슬피 운 사람은 날이 샌 다음에 사냥을 나가 즐긴다.
한창 꿈을 꾸고 있을 때는 그것이 꿈인 줄을 모르고
꿈 속에서 또 그 꿈에 대한 점(占)을 치다가 잠을 깬 뒤에야
비로소 그것이 꿈이었음을 알게 된다.

한 번 크게 깨달은 뒤에야 비로소 인생이
긴 꿈이었음을 알게 된다.
그런데 어리석은 사람들은 스스로 확실하게
깨어 있다고 생각하여 똑똑히 따지고 가리면서
임금이니 소 먹이는 종이니 하며 귀천을 가리려 든다.
공자(孔子)나 그대나 다같이 꿈을 꾸고 있다.

그대에게 꿈꾸고 있다고 말하는 나도 또한 꿈꾸고 있다.

장자(莊子)가 한 말이다. 그에 의하면 공자도 한 차원 아래에 있는 사람이다.

영혼과 육체를 가진 존재들은 모순된 삶을 살지 않을 수 없다. 육체의 모든 욕심을 채워주기 위하여 몸부림을 쳐야 한다. 주인공은 육체로 인하여 세속적인 욕심 때문에 늘 시달릴 수밖에 없다.

이 책 속의 비구니 스님들은 모두 욕심으로부터 자유로워진 선각자들이다.

신문학 초창기의 선구적인 시인이었던 일엽스님의 오도송이 가슴을 울려준다.

고인(古人)의 속임수에
헤매이고 고생하기

예로부터 그 얼마인고
큰 웃음 한 소리에
설리(雪裏)에 도화(桃花)가 만발하여
산과 들이 붉었네.

밑없는 배에 한 평생을 싣고 정진한 선경스님, 청풍납자 월혜스님의 행적을 보면 가슴이 아려지면서 뿌듯해진다.

빼어난 용모를 자랑하던 여인, 눈썹 위에 성냥개비 3개가 올라앉을 정도로 준수한 미모를 간직한 여인, 판사 아들을 둔 여인, 그 여인이 장차 월혜스님이 되는 것이다.

판사인 아들이 결혼을 한 다음 윤필암으로 어머니인 월혜스님을 찾아오겠다는 편지를 보냈을 때 그 스님은 단호하게 거절했다.

가는 길이 다르니 인연의 끈을 갖고 가는 것은 서로에게 고통만 더해 준다는 것이 이유였다. 늦깎이 중이었던 만큼 속세에 대한 매정함은 사불산의 바위보다 더 했다.

만공에서 법호를 받은, 이 시대의 참선객으로 소문난 본공스님이 깨달은 '하나(一)'의 지혜를 소개하고 이 글을 맺기로 한다.

이 지혜를 요즘의 섣부른 페미니즘 운동가들은 어떻게 읽을까.

어찌 불법(佛法)에 비구 비구니가 있으며
세간과 출세간이 있겠는가
어찌하여 북(北)이 있고 남(南)이 있으며
어찌 너와 내가 있을 수 있으리오.

          4331년 10월 해산토굴에서